Eugen Drewermann
Mehr als Gerechtigkeit
Oder: Wie Jesu Botschaft alle Ethik überwindet

Impressum
Eugen Drewermann
Mehr als Gerechtigkeit
Oder: Wie Jesu Botschaft alle Ethik überwindet

Satz: Elke Habicht
Layout: Andreas Klinkert
Umschlagmotiv: lichtsicht/photocase.de
Druck und Bindung:
Westermann Druck Zwickau GmbH
Auflage: 1/2017
© Januar 2017
Publik-Forum Verlagsgesellschaft mbH
Postfach 2010
61410 Oberursel
www.publik-forum.de

ISBN 978-3-88095-307-9

Eugen Drewermann

Mehr als Gerechtigkeit

Oder: Wie Jesu Botschaft alle Ethik überwindet

*Vortrag zum Katholikentag 2016
in Leipzig. Nachschrift der frei gehaltenen Rede
mit Korrekturen und Ergänzungen
des Autors*

Inhalt

Teil I: Vortrag

Im Zeichen von Fronleichnam: Die Einladung
zum Mahl ergeht an die Bedürftigsten   **9**

Flüchtlingselend, Krieg und Kapital   **12**

Zinsen oder Schuldenschnitt – Gesetzesweisheit
im Alten Orient   **17**

Der Umgang mit den Fremden   **21**

Gerechtigkeit im Alten Israel und
im antiken Rom   **24**

Die Grenze jedweder ethisch-juridischen
Gerechtigkeit und die Umkehrung Jesu   **27**

Vom Umgang mit straffällig Gewordenen
oder: Von Kain und Abel bis zur Sintflut   **29**

Der neue Bund des Jeremia   **34**

Der neue Bund der Bergpredigt und die andere
Gerechtigkeit oder: Eine heilende Gnade   **38**

»Barmherzigkeit« – auch mit Geschiedenen?   **42**

Schopenhauers Moral des Mitleids   **44**

Ein Leben aus Vergeben und Verstehen
oder: Befreiung zur Freiheit   **47**

Die Rechtfertigung der Existenz eines jeden –
eine Botschaft für alle   **53**

Güte zur gesamten Kreatur   **56**

Teil II:
Eugen Drewermann antwortet auf Fragen aus dem Publikum

Von Islam und Islamismus, von Krieg
und Antiterrorkrieg   **63**

Religion und Tiefenpsychologie   **81**

TEIL I

Vortrag

Meine sehr verehrten Damen und Herren,
darf ich sagen auf dem Katholikentag in Leipzig, meine lieben Schwestern und Brüder?

Im Zeichen von Fronleichnam: Die Einladung zum Mahl ergeht an die Bedürftigsten

Zum Thema Recht und Gerechtigkeit in der Bibel gibt es wahrscheinlich keinen besseren symbolisch vorbereitenden Rahmen, als es der heutige Fronleichnamstag zu sein verspricht. Erinnern wir uns seines Ursprungs: Gegen den Widerstand der Gerechtigkeitsverkünder im Rabbinismus der Tage seiner Zeit fand Jesus es richtig und rechtens, diejenigen an einen Tisch zu laden, die man nach den Normen des Gesetzes für Ausgeschlossene zu halten die Pflicht hatte – Sünder, Bettler, Huren, Asoziale, Gescheiterte, das ganze Pack da draußen (Matthäus 9, 9-13). Schon weil niemand von denen jemals hätte glauben können, dessen würdig zu sein, lud Jesus sie ein, in dem Vertrauen, dass gerade diese Chancenlosen am ehesten begreifen würden, wer Gott ist: nicht die absolute strafende Gerechtigkeit im Himmel, sondern die offene Hand, die niemanden davongleiten lässt, sondern sich auf die Suche begibt für die Verlorenen, im Wissen, dass niemand freiwillig abirrt, wohl aber, dass er der Nachsicht und des Nachgehens bedürftig ist. In dem bekannten Gleichnis vom verlorenen Schaf (Lukas 15, 1-7) wird Jesus zu seiner Rechtfertigung gegen die Anfeindungen der Pharisäer auf Leben und Tod erläutern, warum er es immer wieder mit den Verkehrten hält. Seine einfache Antwort: Der Hirt muss auf die Suche gehen nach dem Schaf, das sich verirrt hat. Täte er es nicht, so wäre es als ein Verlorenes ganz sicher selbst verloren. Gott gibt keinen unter uns Menschen einfach dahin, und wenn er es nicht tut, welch ein Recht denn hätten dann wir Menschen, miteinander unmenschlich zu verfahren? Der gesamte Cordon der Rechtschaffenheit im Namen des Gesetzes wird in der Haltung Jesu aufgebrochen zu einer Einladung an alle.

Kein kirchlicher Gottesdienst bis heute löst diese Fundamentalbedingung des Zusammenkommens von Menschen im Namen Jesu ein, ganz im Gegenteil, es wird nach dogmatischen und moralischen Vorgaben permanent getrennt: Darf eine geschiedene Frau nach zwanzig Jahren Leids in ihrer Ehe in einer neuen Beziehung es wagen, zum Tisch des Herrn zu kommen? Das darf sie nicht nach geltendem Recht, oder wir müssen zumindest noch erst einmal länger darüber diskutieren. Diese Frau aber kann vielleicht gar nicht warten. Was hingegen im Sinne Jesu richtig wäre, könnte jeder wissen. Nur, darf man's? Sollte man's? Von Protestanten wollen wir erst gar nicht reden – sie sind seit 500 Jahren nach katholischer Vorstellung nicht fähig, überhaupt eine Gemeinsamkeit am Tisch des Herrn einzurichten, weil sie keinen Pfarrer haben, der gesetzt ist von einem katholischen Bischof, der sich herleitet von einem römischen Papst: Auch sie also sind Auszugrenzende. Der Jude Jesus selber, muss man denken, könnte seiner eigenen Einladung zum Mahl nicht folgen: Er ist ja nur ein Jude. All diese Ausgrenzerei verrät, was Fronleichnam im Widerspruch dazu eigentlich sein sollte, wenn es Jesu Namen trüge: Leib des Herrn. Es wäre eine Einladung an alle in Überwindung aller Grenzen.

Und genauso das Zeichen des Brotbrechens. Es ist ein Teilen für alle und mithin die beste Auslegung und Einführung in das, was im 6. und 8. Kapitel des Markusevangeliums erzählt wird, an gleich zwei Stellen, weil es so wichtig ist: Da sind Menschen, die hungern, und die Jünger erklären auf die Frage Jesu, was zu tun sei: Schick sie weg; wir haben nicht genug. Es ist dies wohl die einzige Antwort, die zu vernehmen ist im Staat und – wie man fürchten muss – auch in der Kirche. »Wir haben nicht genug. Schick sie weg.« Das ist noch vornehm ausgedrückt. Das Unwort im Bundestag lautet Abschiebung, und das hat sich eingebürgert, ist fest implementiert in die deutsche Sprache im Wörterbuch der Inhumanität. Denn Abschieben heißt, mit dem Besen das Laub hinausfegen auf die

Straße und dahinter die Tür zu verschließen, egal, was draußen dann verrottet.

Gemeinsam teilen, anderen geben, was man hat, das langte zum Überfluss für alle, meint die Legende. Sie ist nicht in dem Sinne wahr, dass sie sich vor 2000 Jahren historisch aufgeführt hätte. Sie ist wahr mit dem Anspruch, wahrgemacht zu werden durch unser eigenes Handeln. Da wäre das Brot des Herrn, und es teilte sich mit bis zum Überfluss.

Flüchtlingselend, Krieg und Kapital

Das Problem von Hunger und Not besteht nicht darin, dass wir nicht genügend besäßen; es besteht darin, dass es keine Verteilungsgerechtigkeit gibt. Deswegen spaltet sich der Norden vom Süden, deshalb soll mit militärischen Mitteln die Disparität aufrechterhalten und erzwungen werden, deswegen sind die südlichen Staaten offensichtlich nur dafür noch brauchbar, dass sie uns die Rohstoffe liefern, uns billige Arbeitssklaven zur Verfügung stellen, und neuerdings als Müllkippen der Industriestaaten in Funktion treten. Alles andere mag sich ereignen, wie es will, es ist uns egal. Es wäre aber, wenn zwei oder drei Menschen beieinander wären, im Sinne Jesu der Herr mitten unter ihnen (Mt 18,20). Das richtet sich nicht nach einem fest formulierten Credo, sondern nach der Art der Begegnung, und wäre dies Fronleichnam, wäre spürbar der Impuls zu setzen an all den Themen, die einführend gerade erwähnt wurden.

Die drei Brennpunkte, an denen Kirche, wenn sie denn sich selber ernst nähme, wirklich in der Verantwortung stünde, sind als Erstes die Frage der Flüchtlinge. Seit dem Schengener Abkommen geht das jetzt hin. Man sperrt die Außengrenzen Europas und hält Freizügigkeit im Inneren. Noch Herr Schily hat verhandelt mit Gaddafi, ob man in Nordafrika Auffanglager für Migranten aus Eritrea, Somalia, Südsudan, Nigeria – aus all den Hunger- und Krisengebieten einrichten könnte. Dann fand man nötig, Gaddafi zu ermorden, weil er beabsichtigte, eine gemeinafrikanische Währung, losgelöst vom Dollar, einzurichten – sein Todesurteil. Jetzt müssen wir sehen, wie wir eine Ersatzregierung, ein neues Marionetten-Regime, etablieren, die uns die Aufgabe der Flüchtlingsabwehr abnimmt. Gerade sind wir bestrebt, die gesamte Mittelmeerfront auch nach Osten hin über Ägypten bis nach Kairo auszudehnen, damit die neuen Flüchtlingsrouten abgeschnürt werden, indem wir sie militärisch sichern. Muss uns das wundern? Bis Mai letzten Jahres war es das Programm der christlich-sozialen Merkel-Regierung, rein defensiv niemanden nach Europa zu lassen.

Selbst das italienische Programm »Mare Nostrum« vor zwei Jahren wurde eingestellt aus Geldmangel –

warum auch sonst! Die Italiener konnten bitten, wie sie wollten. Und jetzt ist das ärmste europäische Land, das am meisten mit Hypotheken und Schulden belastete Griechenland, das Auffanglager für den gesamten östlichen Mittelmeerraum, unter der Drohung, dass, wenn sie nicht ihre Pflicht tun, sie aus der Eurozone gedrängt werden könnten.

Das christliche Europa zeigt gerade, wie man mit ihm dran ist. Aufnahme von Fremden! Wenn irgendetwas christlich ist, steht es in Matthäus 25, 35: Ich war fremd, sagt dort der Menschensohn, wenn er wiederkommt zum Gericht, und es ist die Entscheidungsfrage, ob wir Gott begegnet sind oder *ihn abgeschoben haben*, um unsere Ruhe zu bekommen.

Die katholische Kirche hätte in Europa eine enorme Macht: Sie müsste mal die Polen daran erinnern, dass Katholizismus wohl nicht bedeuten kann: »Wir nehmen keine Muslime auf, weil wir katholisch sind.« Und desgleichen das katholische Irland und das katholische Spanien und das katholische Portugal – diese Länder sind so abgeriegelt an der Westgrenze Europas, dass Flüchtlingsaufnahme gar nicht mehr zur Diskussion steht. Die Iberische Halbinsel ist mit elektronisch überwachten Zäunen gegenüber Marokko mausedicht abgeriegelt, und dieses Konzept soll sich jetzt erweitern an der ganzen Südflanke Europas, und zudem noch Nato-gestützt, Frontex-geschützt, militärisch abgesichert. Verkauft wird uns das als Schutz der Migranten vor kriminellen Schleusern. Wir bekämpfen inzwischen *nur* die Schleuser. Die Leute auf dem hohen Meer müssen wir wohl retten, doch dann wird das Ganze wieder mit dem Rückschieben hochproblematisch, denn wohin sollen sie? In jedem Falle soll es uns egal sein, was aus ihnen wird. 3000 bis 6000 Menschen ertrinken seit Langem jedes Jahr und machen das Mittelmeer zum Massengrab. – Oder nehmen Sie Idomeni an der mazedonischen Grenze als Mahnzeichen. Wie viel Hoffnungslosigkeit, Verzweiflung und Resignation! Dabei konnte in Thüringen Bodo Ramelow noch vor Kurzem sagen: »Wir hätten hier 2000 Leute aufzunehmen, die können wir brauchen. Wir haben die Anstalten offen. 2000 von den 15 000 in Idomeni.« Doch da war Frau Merkel schon auf anderem Kurs und »schaffte es«, ihren Deal mit der Türkei zu schließen.

Dahinter stehen zwei Probleme, die miteinander zu tun haben. Seit 2001 fanden die USA es richtig, sieben islamische Staaten zu zerbomben. Aus diesem Elend erwächst der Terror, und daraus folgt vermeintlich: wir müssen weiterbomben. Aus diesem Elend erwachsen Hunderttausende von Flüchtlingen; also: wir müssen weiterbomben; also: wir müssen die Grenzen schließen. Also: wir haben Geld für Krieg, aber nicht für die Kriegsfolgen. Und wir haben ein Wirtschaftssystem, das genau so arbeitet, dass es den Menschen den Boden unter den Füßen wegkauft, ganz buchstäblich, um da Kaffee anzubauen, um da Kartoffeln anzubauen – unser »Stabilitätsanker« Saudi-Arabien ist da voll im Geschäft, Tchibo ist da im Geschäft, in Guatemala haben wir Chiquita im Geschäft – wo eigentlich nicht? Es ist ein Wirtschaftssystem, das entrechtet, indem es dem Triumph des Finanzkapitals folgt. Das mag eine lange Geschichte haben; sie ist blutbeschmiert, unmenschlich und *darf* nicht länger Bestand haben. Wann je aber hätten wir die Kirche etwas sagen hören gegen den Krieg, wann spräche sie ein klares Wort gegen das Wirtschaftssystem, das sich das kapitalistische nennt? Es ist deshalb kapitalistisch, weil es Geld in eine Ware verwandelt zu dem Zweck, noch mehr Geld dafür zu bekommen, vorbei an den Menschen – Geld nicht länger als Tauschmittel, sondern als ein Mittel, um über Investitionen, Kreditzinsen und Spekulationsgeschäfte maximal Profit zu erzielen.

Zinsen oder Schuldenschnitt – Gesetzesweisheit im Alten Orient

Dagegen wäre menschlich, rechtlich, religiös eine Menge zu sagen, und es stünde schon im Alten Testament, in mindestens zwei Punkten: Zum einen, aus altem sumerischem Erbe, 2000 vor Christus unter Ur-Nammu und Schulgi, und später dann, im 18. Jahrhundert vor Christus, unter Hammurabi, weiß man im Alten Orient, dass bei Geldverleihen oder bei Warenausleihgeschäften die anfallenden Zinsen in Höhe und Laufzeit zu begrenzen sind, sonst explodiert das gesamte Volk an sozialer Instabilität. Mit zwanzig Prozent Zinsen, über mehrere Jahre geführt, haben wir am Ende einen Reichtum oben akkumuliert und unten ein Prekariat gesammelt, sodass der Mittelstand keinen Bestand mehr hat. Es gibt ihn nicht mehr. Wenn das so ist, müssen Gesetze dafür sorgen, wie es im Alten Orient üblich war, dass jemand, der im Verlauf von sieben Jahren seine Schulden nicht zurückbezahlen kann, die Schulden erlassen bekommt: Neustart auf null. So verordnete es dann auch das Gesetz des Moses: Verzicht auf Schuldforderungen in jedem siebten Jahr (Deuteronomium 15, 1-6).

Stellen Sie sich vor, *das* wäre die Ordnung im Umgang mit Griechenland. Nicht einmal der IWF ist inzwischen damit einverstanden, dass die Schäuble-

und die Merkel-Politik der Austerität und der neoliberale Zwang zum Ausverkauf des restlichen Staatsvermögens (Häfen, Flughäfen, Inseln, Infrastruktur, Energieversorgung) durch »Privatisierung« zugunsten ausländischer »Investoren« fortgesetzt werden. Die Griechen bekommen gerade zehn Milliarden Euro – oh, wir helfen ihnen in Griechenland! Doch nur, damit sie die Rückzahlung an die Banken besorgen können, bei denen sie verschuldet sind; bei der Bevölkerung kommt davon gar nichts an; im Gegenteil, sie hat neue Schulden gemacht, und die kann sie weiterbezahlen – noch die Urenkel werden darauf verpflichtet werden, und das alles unter der Pflicht eines zu erwartenden und zu verlangenden Wirtschaftswachstums von mindestens drei Prozent, zu dem sie gänzlich außerstande sind – selbst für Deutschland bedeutet ein Wirtschaftswachstum von etwa zwei Prozent so etwas wie einen Glücksfall. Der IWF, nun wirklich keine karitative Einrichtung, denkt mittlerweile doch daran, man müsste an einer Schuldenerleichterung arbeiten. Alttestamentlich müsste man sagen: Schuldenschnitt! Geordnete Insolvenz! Freilassung der Schuldsklaverei! Ein Erlassjahr! Ein Jubeljahr! (Vgl. Levitikus 25, 8-31, 39-43.)

Und wir können von diesem Gedanken her sofort ein Stück weitergehen und das ganze Eurogebilde für etwas erachten, das fehlkonstruiert ist. Es ist nicht möglich, einen einheitlichen Wirtschaftsraum zu halten, ohne eine Transferunion, entsprechend den unterschiedlichen Wirtschaftsleistungen der Mitgliedsländer, zu bilden.

Zum Beispiel: Wir sind eine Bundesrepublik nur deswegen, weil wir eine solche Transferunion sind. Das mag die Bayern ärgern, aber sie müssen etwa an das nach dem Niedergang des Steinkohlebergbaus arme Nordrhein-Westfalen immer wieder Ausgleichsgelder zahlen. In den Vereinigten Staaten dito, obwohl dort viel enger verknüpft mit der militärischen Rüstung. Ein Wirtschaftsraum, der aus unterschiedlichen Zonen besteht mit unterschiedlichen Wirtschaftsleistungen, kann nur zusammenbleiben in einer ökonomischen Solidargemeinschaft. Wenn wir die verweigern – kein Baile-out, der Maastrichter Vertrag –, kann Europa nur auseinanderfliegen, und es werden sich die sozialen Widerstände immer weiter verfestigen, sich immer stärker nationalisieren, sodass die Bevölkerung der EU in Brüssel gründlich misstraut; dementsprechend produziert dieses Gebilde in einem Land nach dem anderen zunehmend rechte Bewegungen, sehr zur Gefahr für Gesamt-Europa, wie jeder sehen kann. Die Kirche müsste zu all dem lediglich sagen, was seit eh und je im Gesetz des Moses steht. Und es geht nicht einmal nur um Zinserleichterung; es geht um Schuldenschnitt. Die

Kirche müsste zudem simpel aussprechen, was Moses ebenfalls gelernt hat über mehr als 1000 bis 2000 Jahre orientalischer Rechtsgeschichte: überhaupt keinen Zins. Jede Zinsnahme ist als Wucher zu verbieten (vgl. Lev 25, 35-38).

In der Volkswirtschaftslehre wird in aller Regel die Meinung vertreten, so könne der Geldumlauf nicht gesichert werden, der Zins sei absolut notwendig, um das Kapital auf den Markt zu locken; für den Verzicht auf den Liquiditätsvorteil müsse man eine Prämie zahlen, und das geschehe, indem man Geld verzinsbar macht. Damit allerdings werden diejenigen mit Geld belohnt, die ohnehin schon zu viel davon haben. Umgekehrt sollte man nach dem Gesetz des Moses vorgehen: Die Reservehaltung von Geld selber könnte unter Strafe gestellt werden – eine Idee, die inzwischen sogar Mario Draghi kommt. Nur hat er sie nicht konsequent von dem argentinisch-deutschen Freigeldtheoretiker Silvio Gesell gelernt, sondern er steht lediglich vor dem Problem, dass er offensichtlich seit 2008 (dem Bankencrash) machen kann, was er will: Die Pferde saufen nicht. Es wird kein Geld abgefragt, leider. Sie selber übrigens werden als Bankkunden, obwohl die Banken sich das Geld zum Nulltarif oder inzwischen schon zum Minustarif bei der Zentralbank leihen können, immer noch bei Überziehung Ihres Kreditkontos mit Zinsgebühren zwischen zehn und zwölf Prozent die Banken bedienen müssen. Und das betrifft so gut wie alle, denn jeder braucht in unserer Gesellschaft ein Girokonto, vermeintlich zur Erleichterung des Zahlungsverkehrs, in Wahrheit zur Totalkontrolle jedes Einzelnen in seinem Geschäftsgebaren; gerade sind wir dabei, das Bargeld überhaupt abzuschaffen, dann ist die Aufsicht der Banken über die Bürger perfekt; das Umgekehrte: die Bürger kontrollieren die Banken, ist natürlich ganz undenkbar – das wäre dann doch allzu basisdemokratisch.

Wir könnten mit dem System der islamischen Banken an dieser einen Stelle übrigens auch im Namen biblischer Gerechtigkeit unser Anliegen, Schuldennachlass und Zinsverbot, voranbringen. Wir müssten dazu aber das ganze Wirtschaftssystem an zentraler Stelle ändern.

Der Umgang mit den Fremden

Es bleibt zum Zweiten der Umgang mit den Fremden, wie schon einleitend erwähnt. Das nun wirklich ist ein Impuls, der in den alten Gesellschaften tief verankert und biblisch sogar noch viel stärker motiviert ist: »Du selber, Israel, warst ein Gastsasse in Ägypten, erinnere dich daran. Jeder, der hier herkommt, ist das Bild deines eigenen Schicksals.« So steht es sinngemäß in Exodus 23, 9. Ohne die Aufnahme von Fremden ist ein Überleben nicht möglich für diejenigen, die am meisten sich in Not befinden. Die Jüdin Nelly Sachs konnte einmal sagen: »Ein Fremder trägt stets seine Heimat im Arm.« Das ist wahr. In die Ferne zieht niemand freiwillig, nur getrieben. Und wie er dann aufgenommen wird, entscheidet über alles Weitere. Die Hunderttausende, die wir jetzt wegschieben, werden in Verbitterung und Hass auf Europa in das Niemandsland ihrer Herkunft zurückkehren und, wenn sie überleben, genau diesen Eindruck den anderen am Ort wiedergeben: »Da ist ein Land, das tut so, als ob es die Menschenrechte hütete. Glaubt ihnen kein Wort. Woran sie glauben, ist ihre Selbstsicherheit, ihre Arroganz und ihre Hartherzigkeit.« Man könnte es auch sagen mit Mahatma Gandhi: »Ein christliches Europa hat es nie gegeben. Man verehrt dort nicht Gott, nur das Geld.« Das war um 1930. »Und ebendeshalb«, fuhr Gandhi fort, »ist von diesem Kontinent ein Krieg nach dem anderen ausgegangen statt der Botschaft des Friedens.« Steht es so, hätten wir das mosaische Gesetz in einer Größe vor uns, die Einfluss nähme über die kirchliche Verkündigung unmittelbar auf unsere Gesellschaft – nur: wir müssten es wirklich ernst meinen mit der »Willkommenskultur«, sonst kommt über alle Frühlingsblüten der Frost.

Wie lange ist das eigentlich her, dass wir den Fremden Kirchenasyl gegeben haben, bis dass Innenminister Thomas de Maizière uns erklärte, es dürfe kein Sonderrecht im Staate geben? Auch die Kirchen haben inzwischen kein Recht mehr, etwas Besonderes in unserer Gesellschaft zu sein. Aber sie hätten etwas Besonderes zu sein und zu sagen. Herr Gabriel erklärt gerade, wir würden ein Einwanderungsland, so interpretiert er die neuen Kabinettsbeschlüsse von vor zwei Tagen. Und damit meint er: »Wir gehen auf Menschen zu, weil wir Zahnärzte, Mediziner und Physiker und vor allem Digitalspezialisten brauchen, und denen erlauben wir, mit der Greencard einzureisen.« Ein Asylrecht ist ein vollkommen anderes. Das ist ein Anspruch von Menschen in Not, aufgenommen zu werden. Und die Not der Menschen selber steht für ihr Überlebensrecht. Ein jeder braucht doch einen Ort, an dem er bleiben kann. *Das* müsste die Kirche vehement einfordern. Ob Deutschland ein Einwanderungsland wird, richtet sich nach den Bedürfnissen unserer Wirtschaft. Asylrecht aber ist ein Menschenrecht, begründet mit nichts anderem als mit Menschenleid, und wie erläutert: mit selbstgeschaffenem, durch unsere Schuld entstandenem. Was also wäre zu tun, und was müsste die Kirche sagen?

Gerechtigkeit im Alten Israel und im antiken Rom

Eines steht fest: Die Gesetzgebung des Moses gilt begrenzt für das auserwählte Volk als das Wort Gottes am Sinai und hat daran historisch zunächst auch ihre Grenzen. Gegen Krieg hat der Alte Orient niemals prinzipielle Einwände gehabt, auch das Gesetz des Moses nicht. Gegen Zinsnahme untereinander richtet sich das Gesetz, doch nicht so bei Zinsnahme gegenüber Fremden. Es käme deshalb darauf an, das Gesetz des Moses aus dieser seiner historischen Beengtheit herauszuführen und es zu universalisieren, statt es in der partikularen Größe eines Gottesrechts, das sich verstaatlicht, ähnlich der islamischen Scharia, fortzusetzen. Diese Notwendigkeit ist nicht neu. Hebräisch heißt das, was wir mit Gerechtigkeit übersetzen, *Zedaka*, und das ist im Ungefähren wiederzugeben als »richtiges Leben nach den Gottesgesetzen«. Da Gott aber der Stammesgott Israels ist, da Israel Jahwe als sein Volk gehört, ist die Frage, welch eine Gültigkeit haben die Gesetze vom Sinai für alle Nichtjuden, für uns, für Menschen, einfach weil sie Menschen sind?

Im Römischen Imperium stand man vor genau diesem Problem. Manche waren dem Judentum gegenüber sehr aufgeschlossen, seines rational begründbar scheinenden Monotheismus wegen, seiner hochstehenden Ethik wegen, seiner Weltoffenheit wegen. Aber kein Römisches Imperium kann sich gründen auf ein besonderes Gottesrecht. In einem Reich, das von Britannien heruntergeht bis in die Cyrenaika und von Spanien bis nach Mesopotamien, glaubt man an alle möglichen Götter. Die römische Politik ist an sich offen und zudem religiös ausgesprochen tolerant – mag da jeder doch glauben, wie er will; es schadet niemandem, am Ort noch weitere Götter zu verehren – mögen sie uns günstig sein. Aber was Recht ist unter Menschen, müssen wir verordnen, und es muss schon deshalb Gültigkeit besitzen für alle, weil sie Bürger des Römischen Imperiums sind. Also verstehen wir ab sofort unter Gerechtigkeit ein anderes, nicht mehr die Berufung auf einen Jahwe vom Sinai, sondern es gilt unsere römische *iustitia*.

Die Begründung für den Begriff der Gerechtigkeit in römischem Sinne soll liegen in einer philosophischen Ableitung, in einer Kalkulation, die der staatlichen Gesetzgebung hilft, das Rechte zu finden. Die Stoiker insbesondere sind bemüht, genau das zu tun. Sie ersinnen zum ersten Mal ein allgemeines Menschenrecht. Menschen sind Menschen, und sie haben deshalb auch gleiche Ansprüche in der Gemeinsamkeit des Bürgertums im Römischen Reich. Sehr weit gekommen ist dieser so kostbare Gedanke politisch in der realen Geschichte freilich kaum; es gab nach wie vor die Rechtfertigung des Sklavenhaltertums als der Basis jeder antiken Stadt. Immerhin aber zielen Gedanken dieser Art in die richtige Richtung.

Denn: Wenn wir wüssten, dass überall nur Menschen leben und dass sie gleiche Rechte besitzen, könnten wir Gerechtigkeit so definieren, wie es philosophisch denn auch üblich wurde. Der einfachste Ausdruck für Gerechtigkeit lautet bei Cicero: »Jedem das Seine, *suum cuique*«. Stünde es so, hätten wir eine Ordnung, die dem einen gibt, was er braucht, nach Maßgabe dessen, was der andere braucht. Und wir hätten ein Staatsrecht, das hochfunktional ist.

Einen wesentlichen Mangel freilich sehen wir in all dem immer noch: Ein solches Gesetz wird external, von außen, gegeben. Es wird in seiner konkreten Form positivistisch erlassen von der Staatsautorität; es stammt nicht mehr von Gott, aber von dem Gottkaiser auf dem Thron in Rom. Wenn es sich so verhält, sind wir dicht schon bei den Theorien von Carl Schmitt in den 1930er-Jahren: »Alles Recht ist positive Satzung der Staatsmacht.« Recht begründet sich in diesem Denken einzig durch die Autorität der Machtbesitzenden. Es trägt daher den Schimmer der Willkür in jedem Betracht, und es bedeutet in der Praxis den legalisierten Formalismus: da sind Paragrafen, die verlangen, eingehalten zu werden, entsprechend ihrem Wortlaut.

Die Grenze jedweder ethisch-juridischen Gerechtigkeit und die Umkehrung Jesu

Ein weiterer wesentlicher Mangel ist zentral in jedem Rechtssystem enthalten: Die Basis des Egoismus wird nie überschritten. Die Grundfrage lautet: Wie bekomme ich mein Recht? Welch einen Rechtstitel führe ich mit mir? Worauf habe ich Anspruch, und wie setze ich es durch, womöglich mithilfe des Gewaltmonopols des Staates? Was mir zusteht, will ich haben und muss ich haben. Selbst Immanuel Kant vor 230 Jahren wusste nicht anders, als dass Recht sich auf dieser Basis nicht anders formulieren ließe denn als die Begrenzung der Willkür des einen an der Willkür des anderen. Damit werden die Menschen in sich selbst nicht moralischer, aber ihr Zusammenleben verläuft einigermaßen reguliert und geordnet.

Ein großes Problem, das Jesus in seinen Tagen deutlich sah am mosaischen Gesetz, aber auch am römischen, eigentlich an jedem Gesetz, liegt darin, dass in jedem ethisch-juridischen Denken nach klaren Begriffen Menschen von Menschen getrennt werden: hier sind die Ordentlichen, da die Unordentlichen, hier die Richtigen, da die Falschen, hier die Guten, da die Bösen. Und egal nun, ob nach göttlicher oder staatlicher Autorität – dieser absolute Unterschied gilt. Der Grenzstrich ist eindeutig – also, dass diejenigen, die Unrecht tun, nach Maßgabe der Gerechtigkeit bestraft gehören.

Diese Folgerung ist so streng, dass Immanuel Kant vor 230 Jahren noch sagen konnte, dass, wenn auf einen Mord, der begangen wurde, nach dem Grundsatz Gleiches für Gleiches, *ius talionis*, die Todesstrafe steht, ein Staat, selbst wenn er am Nachmittag sich auflösen würde, aus Gründen der Gerechtigkeit heute morgen noch das Todesurteil exekutieren müsse. Rein logisch ist einer solchen Forderung schwer zu widersprechen. So liegt es in der normativen Ethik, und so liegt es in jedem juridischen Denken. Genau das aber macht das Problem aus: Das gesamte orientalische Rechtssystem basiert auf dem *ius talionis*: Dies und das ist getan worden, und dagegen wird ein Gleiches jetzt getan: Aug' für Auge, Zahn um Zahn (Ex 1, 23-25) – so die Gerechtigkeit.

Vom Umgang mit straffällig Gewordenen oder: Von Kain und Abel bis zur Sintflut

Die Evidenz Jesu hingegen war, dass das alles im Namen des Rechtes unrecht sein muss. Geahnt haben das manchmal auch die Römer, wenn sie sagten: *summum ius, summa iniuria*: Das maximale Recht ist das maximale Unrecht; es ist die Perversion in allem, denn es wird den Menschen nicht gerecht. Darüber wurde damals nicht schon sehr tiefgründig nachgedacht; wir können aber rechtsgeschichtlich beobachten, dass eine bedeutsame Entwicklung stattgefunden hat: Noch bis vor etwa hundert Jahren, oder vorsichtiger eingegrenzt, bis vor etwa fünfzig Jahren, mochte es genügen, dass wir die Verhaltensweisen, die Taten eines Menschen beobachteten und dann entlang der gegebenen Gesetze das Strafmaß für ein Fehlverhalten bestimmten. Inzwischen wissen wir, dass es ganz unmöglich ist, nur auf die Hände zu schauen, die eine Handlung begehen; wir müssen ins Herz der Menschen sehen, wir müssen hinter der Tat den Täter betrachten; und wie wir ihm entsprechen, ist die wirkliche Frage.

Dieser Denkansatz allerdings sollte uns helfen, das Hauptanliegen Jesu neu zu formulieren. Ist denn ein Mensch böse, einfach weil er es so will? Wird er je gebessert werden, indem man ihn bestraft? Ist nicht, was wir eine Straftat nennen, in aller Regel nur ein verzweifelter Hilferuf nach einer Liebe und Zuwendung, die so, wie nötig, nie erfahren wurden? Das Böse kann man nicht wegdrängen, aber es wäre im geduldigen Verstehen, in verstärkter Menschlichkeit vielleicht zu überreifen und zu überlieben.

Dann müsste man gerade dem straffällig Gewordenen so begegnen, wie es Dostojewski einmal in dem Roman »Schuld und Sühne« schildert. Als der junge Jura-Student Rodion Raskolnikow dessen geständig wird, dass er es ist, der die Pfandleiherin und ihre Schwester ermordet hat, die Freundinnen der Dirne Sonja, die mit ihr gemeinsam die Bibel lasen, – nimmt sie erschrocken ihn, den Mörder, in die Arme, stammelnd: »Rodja, was musst du gelitten haben.« Sie wird ihn anflehen, niederzuknien und die ganze Menschheit um Verzeihung zu bitten. Aber was ist zu bestrafen an einem Mord, von dem sogar der Untersuchungsrichter Porfirij Petrowitsch selber hilflos und erschrocken steht? »Dies ist«, findet er, »eine ganz moderne Tat. Da stand jemand auf einem hohen Turm und wurde schwindelig an seinen eigenen Gedanken.« Die nämlich lauten in Raskolnikows Überlegungen, dass ein Mensch, schon um sich selber zu beweisen, dass er kein Kakerlak und keine Laus ist, das Recht haben muss, andere Kakerlaken und Läuse zu zertreten.

So sind sie alle, die Großen in der Geschichte. Die Völkerschlacht hier bei Leipzig zum Beispiel: Wenn Napoleon groß ist, ein Mann, der über Hunderttausende von Toten hinweggeht, und einen Toast ausspricht auf den Untergang der Grande Armee, um eine neue aufzustellen – wenn er und andere solcher Massenmörder in der Geschichte für groß gelten, für Genies geradezu, verdienen dann nicht überhaupt nur die Skrupellosen, die Durchsetzungsfähigen, die gewissenlos Gewordenen, die Geschichte zu leiten und in die Hand zu nehmen?

Davon träumt der Mörder Rodion Raskolnikow. Dostojewski wird solche Gedanken immer wieder in der Geschichte wiederentdecken als Verführung, als Anbetung falscher Größe. Menschen, die sich nicht geliebt fühlen, müssen darüber nachsinnen, wie sie notfalls mit Gewalt sich Anerkennung und Respekt verschaffen können. Wie aber kann man die Minderwertigkeitsgefühle eines Menschen durch eine respektvolle Ernstnahme seiner wirklichen Würde langsam hinwegstreicheln? Wie kann man einen Mörder vermenschlichen, indem man seine Genieträumereien und Frustrationen durch Wertschätzung, ja, durch den Glauben an das Gute in ihm, ja, wie im Falle der Dirne Sonja, durch ihre Liebe erübrigt?

Lauter Themen sind dies, die Sie in der Bibel schon in der Geschichte von Kain und Abel (Genesis 4, 1-16) finden, in der Erzählung von dem ersten Mord. Und Sie werden vorbereitet darauf, dass der Begriff Gerechtigkeit noch einmal einen ganz neuen Wendepunkt bekommen muss. Würden wir nach strenger Gerechtigkeit strafen, wäre es möglich zu sprechen wie ein altrömischer Politiker: *Fiat iustitia, pereat mundus* (die Gerechtigkeit geschehe, gehe die Welt dabei zugrunde). Was dieser Mann meinte, erzählt die Bibel im 6. bis 8. Kapitel des 1. Buches Moses, in der Geschichte von der Sintflut. Wir stellen uns einmal vor, dass Gott gerecht wäre. Er straft die Bösen, er tut endlich, was man wünscht: Er greift ein, er hält das Böse auf Erden nicht mehr aus – diese Verbrecher, diese Gangster. Furchtbar! Gott schützt die Welt vor dem Bösen endlich durch ein umfassendes Strafgericht. Die Bibel denkt diese Idee nur einen Moment lang konsequent zu Ende. Es ist ein Bild, das ebenfalls schon aus Mesopotamien übernommen wird. In der neunten Tafel des Gilgamesch-Epos ist die Geschichte vorgebildet, welche die Bibel auf ihre Weise nacherzählt: Gott beschließt, die Erde reinzuwaschen wie einen Augiasstall von den Verunreinigungen des Menschen, und so lässt er es regnen, bis alles in den Fluten ertrinkt.

Diese Geschichte will etwas ganz Entscheidendes zum Thema Gerechtigkeit sagen, das ist: wenn Gott wirklich gerecht wäre, überlebten wir es alle nicht. Es gäbe überhaupt kein Halten. Die Welt ginge zugrunde; wir hätten dann wohl wirklich eine strahlende Gerechtigkeit, doch sie sähe fast so ähnlich aus wie in den Tagen von Pius XII., der in seiner Weihnachtsansprache 1955 erklärte, ein Atomkrieg zur Abwehr des Kommunismus könne sein eine höchste Manifestation des Gerechtigkeitswillens Gottes. Das alles war damals schon Kirche und ist bis heute ohne Widerspruch geblieben, ja sogar ohne jegliches Bedauern. Martin Luther war's, der sagte, die Geschichte von der Sintflut zeige, schon weil wir nicht »gar aus« sind, wessen wir wirklich bedürfen: ein Lebenkönnen, Lebendürfen unverdientermaßen jenseits der Strafe – und das in Wahrheit sei »Gerechtigkeit« und unsere Rechtfertigung.

Dann sind wir bei einem Begriff, den wir weder mit *Zedaka* jüdisch noch mit *iustitia* römisch definieren können, sondern eigentlich am besten neutestamentlich griechisch mit dem Wort *dikaiosýne* wiedergeben. Auch das übersetzt sich zumeist mit Gerechtigkeit, aber es beginnt auf dem Boden des neuen Testamentes ein ganz anderes zu meinen.

Der neue Bund des Jeremia

Vielleicht überhaupt gibt es in der ganzen Bibel in Vorbereitung und Durchführung dessen, was wir heute die Botschaft Jesu oder das Christentum nennen, keine zentralere Stelle als das 31. Kapitel des Propheten Jeremia (Jer 31,31-34). Dieser Priestersohn in Anatot ist großgeworden mit dem Weltbild des sogenannten deuteronomistischen, des zweitgesetzlichen Geschichtswerks (von Dtn bis 2 Kön). Da ist ein Gott, der streng belohnt und streng bestraft und darin seine Macht dem Volke gegenüber unter Beweis stellt. Wenn das Volk sich fromm an ihn hält, wird es ihm gut ergehen, wo aber nicht, wird er notfalls sogar Nebukadnezar II. als seinen Hammer nehmen und seine eigene Stadt Jerusalem mitsamt dem Tempel und seinem Volk zerschmettern. Denn anders hat es Israel dann nicht verdient. Und Jeremia sieht es kommen: nicht nur wie Babylon aufrüstet, wie die Expansionspläne vom Mittelmeer bis nach Ägypten aus den Tagen Assurs wieder aufgenommen werden. Er hält die kommende Katastrophe für unvermeidlich, und er findet sie im Vorlauf sogar richtig und berechtigt.

Denn was nennt sich da Tempelkult? In seinen Augen handelt es sich um einen üblen Mischmasch mit kanaanäischen Eintragungen – für einen Propheten wie Jeremia ein ganz entsetzlicher Anblick. Nichts offenbar nimmt man ernst vom wirklichen Gesetz. Gott *kann* da nur dreinfahren, und das wird er auch tun. Allerdings: Niemand will das hören; das Volk nicht – das braucht eine optimistische Auslegung seiner Frömmigkeit; die Machtvollen nicht – sie finden, eine solche Einstellung sei reiner Defätismus, den man nicht predigen dürfe. Jeremia wird in einer Grube versenkt, in der er fast umgekommen wäre, hätte ihn nicht der Kuschiter Ebed-Melech am Seile herausgeholt (Jer 38, 1-13). Der vielleicht größte hebräische Prophet überlebt allein durch die Menschlichkeit und Treue eines Nichtisraeliten.

Doch als es dann so weit ist, im Jahre 586, im August um genau zu sein, und die heilige Stadt in Flammen steht und die Oberschicht ein zweites Mal nach Babylon deportiert wird, ist einzig Jeremia seelisch darauf vorbereitet. Die gesamte biblische Überlieferung, ihre herkömmliche Theologie, ihr Gottesbild, ihr Selbstverständnis: alles zerbricht in diesem Augenblick. Wenn Marduk in Babylon stärker ist als Jahwe in Jerusalem, ist die ganze israelitische Religion, ihr gesamtes Geschichtsbild, ihre Weltdeutung am Ende. Priester braucht man fortan gar nicht mehr, denn einen Tempel gibt es nicht. Die heilige Überlieferung ist scheinbar widerlegt und Lügen gestraft: Es ist kein Gott, der rettet. Aber – aber: womöglich war das ganze tradierte fromme Weltbild an entscheidender Stelle falsch! Die Vorstellung von Gerechtigkeit, so denkt jetzt Jeremia, muss sich womöglich auflösen, weil sie in Wahrheit immer schon Gott unrecht getan hat ebenso wie den Menschen. Sie war zu kurz gedacht und lief hinaus auf ein reines Missverständnis.

Solche Gedanken gehen um in Jeremia, herausgequält aus einer Erfahrung, die weltverändernd ist, wenn man sie aufgreift. Denn so reift die Einsicht dieses Propheten: Die gesamte Strafe-Gerechtigkeit scheitert daran, dass Menschen durch Strafe nicht zu bessern sind. Es ist, wie wenn ein Vater glaubt, seinen Sohn richtig zu erziehen, indem er ihn mit einer erbarmungslosen Prügelstrafe dazwischennimmt. Ganz Israel, ganz Judäa, das Nord- wie das Südreich, ist wie die Haut eines Jungen, auf der kein Quadratzentimeter mehr ungeschunden von der Peitsche seines Erziehungsmeisters ist. Jeder sieht: Es hat keinen Zweck, so fortzufahren. Gott selber ist mit der ganzen Art, wie man ihn bis dahin als einen gerecht Strafenden ausgelegt hat, am Ende. Nichts, nichts von den geheiligten Vorstellungen der Schriftausleger stimmt mehr. Die Grundlagen müssen ganz andere sein. Aber wie?

Wenn wir eben noch sagten, alle Gesetze kommen von außen, sie werden autoritär beglaubigt, sie werden formalistisch verfügt und in Paragrafen gegossen, so ist das genau der Punkt, an dem Jeremia neu einsetzt. Da gab es zwei Tafeln in Stein, dahinein gemeißelt war der Dekalog, verkündet unter Wolkendräuen und Blitzen, furchterregend für das Volk, das auf Schutzdistanz vom Sinai gehalten werden musste (Ex 19, 16-19; 31, 18; 32, 15 f.). Genau so, findet Jeremia, in dieser Äußerlichkeit von Autoritätsgehorsam und Angst, kann es nicht bleiben; was von außen kommt, wird niemals innerlich, sondern führt zu Verkrampfungen, zu Verwerfungen, zu inneren Verspannungen. Psychologisch gesprochen: Es steigert vom Überich her nur die Neurosen des Ich, statt den Menschen zu heilen. Ein Neuanfang müsste ganz im Inneren geschehen, er müsste personal begründet werden, und so formuliert Jeremia: Gott wird einen neuen Bund schließen, in dem er sein Gesetz nicht länger auf Tafeln aus Stein schreibt, sondern einschreibt dem menschlichen Herzen. Dann muss niemand mehr vor den anderen treten und sagen: Ich belehre dich über Gott, sondern aus dem Munde des Kindes im Hof und aus den Händen der Magd in der Küche lernt jeder über Gott, innerlich; und was er da lernt, verändert alles, sein Herz und seine ganze Welt: Vergeben, nicht strafen, wird Gott die Verfehlungen der Menschen (Jer 31, 33 f.). Das ist es, was ein jeder brauchen würde – ein absoluter Neuanfang, kein Schuldenschnitt mehr wirtschaftlich, sondern rein personal. Endlich ein Aufatmen, und zwar von innen her, so, dass es fühlbar wird, eine Fähigkeit, selber zu denken, eine Ermutigung, eigenständig und mündig zu sein, eine gottbegründete Autonomie der Personalisierung, ermöglicht in individueller Kompetenz.

Der neue Bund der Bergpredigt und die andere Gerechtigkeit oder: Eine heilende Gnade

Wie man dem nun entsprechen kann, ist die Frage Jesu im sogenannten Neuen Testament, in der Erfüllung des »Neuen Bundes«. In Matthäus 16, 13 fragt Jesus die Jünger: Für wen halten die Menschen den Menschensohn? Und die antworten unter anderem: »ein wiedergekommener Jeremia, denken manche«. Damit träfen sie den Kern; denn genau das will Jesus sein; darum das Versprechen von dem neuen Bund – nicht um dem Judentum etwas wegzunehmen, sondern um im Namen des Besten der ganzen Bibel den Ansatz Jesu zur Neuwerdung des Menschen auf der Grundlage von Vertrauen zu Ende zu bringen.

Sprechend dafür ist besonders die Szene am Eingang der Bergpredigt (Mt 5, 1): Da steht Jesus auf einem Berg wie auf einem zweiten Sinai und redet zu den Menschen in einer Weise, dass es Gott verkündet ganz nach der Art des Jeremia. Der Mann aus Nazareth wird sagen im 5. Kapitel des Matthäus: »Wenn eure Gerechtigkeit sich nicht fundamental unterscheidet von der Gerechtigkeit der Schriftgelehrten und der Pharisäer, könnt ihr ins Himmelreich nicht eingehen« (Mt 5, 20). Frei übersetzt: Wenn das, was ihr für Recht haltet, sich nicht diametral unterscheidet von dem, was juridisch und moralisch unter dem Begriff Gerechtigkeit in Umlauf ist, könnt und werdet ihr Gott nie verstehen, und bei allem Willen, das Richtige zu tun, werdet ihr euch weitab der Ordnung Gottes befinden.

Man hat immer wieder diskutiert, wie denn die Bergpredigt zu interpretieren sei. Einmütig scheint in den Kirchen aller Konfessionen die Überzeugung, dass man sie nicht leben könne, katholischerseits vielleicht von Heiligen, von besonders Berufenen, vielleicht von Ordensgeistlichen und -schwestern, aber nicht im normalen Leben, protestantischerseits nur von besonders Begnadeten. Dass eine solche Einstellung dem Anliegen Jesu ganz sicher widerspricht, könnte jeder sehen: Nie wollte Jesus für besonders Berufene und Ordensgemeinschaften eine Sondermoral etablieren; er wollte etwas sagen, was jeden Menschen angeht, aus gar keinem anderen Grunde, als dass ein jeder es dringend nötig hat. Dann aber stellt sich die Frage, wie denn die andere Gerechtigkeit Jesu in der Bergpredigt zu interpretieren ist?

Die beste Erklärung dafür hält Matthäus selber bereit: Im vierten Kapitel seines Evangeliums schon lässt er sich versammeln alle Kranken: Besessene, Mondsüchtige, Gelähmte, und sie wollen hören, was Jesus sagt (Mt 4, 24); und am Ende der Bergpredigt, beginnend mit Kapitel 8, setzen sich die Heilungsgeschichten fort gerade infolge des eben Gehörten (Mt 8, 1-4: der Aussätzige; 8, 5-13: der Hauptmann und sein Bursche; 8, 14 f.: die Schwiegermutter des Petrus; 8, 16 f.: Besessene und Kranke). Mit anderen Worten, die Bergpredigt ist für Matthäus so etwas wie ein Therapievorschlag zur Heilung *aller* seelisch bedingten Erkrankungen. Es gibt nur einen Weg, diese Art von *Rechtverhalten* – nicht länger »Gerechtigkeit« mehr, weder juridisch noch moralisch – zu interpretieren: das ist, wie man den anderen versteht in seiner Not, wie man ihn aufsucht in seiner Verlorenheit und wie man ihn bei der Hand nimmt, um mit ihm nach Hause zurückzufinden.

Eben noch sagten wir, der Begriff der Gerechtigkeit, ob römisch oder jüdisch, gehe nie hinaus über den wohlgeregelten Egoismus. Immer ist die Frage, wie bekomme ich Recht? Die ganz andere Form der Gerechtigkeit, die Jesus vorschlägt, wird uns aufgenötigt durch den Anblick der Not eines anderen. Was kann ich, was muss ich tun, um ihm in seiner Bedürftigkeit gerecht zu werden? Das wäre jetzt *suum cuique*, römisch formuliert, doch genau umgekehrt als ursprünglich gemeint: jedem das Seine, nicht, weil er einen Anspruch darauf hätte, sondern weil er dessen bedürftig ist.

Im Hintergrund dieser Auslegung verstehen Sie mit einem Mal eine ganze Serie von Jesu Worten wie von selber. Zum Beispiel: Wer ist mein Nächster, fragt in Lukas 10 den Mann aus Nazareth ein Gesetzeslehrer (Lk 10, 29), und seine Antwort ist: »Du musst nicht hören auf die Priester und die Schriftgelehrten, die dir sagen, Gott wohne im Tempel in Jerusalem und dein Nächster sei dein Volksgenosse (wie in Lev 19, 13-18!). Es ist jemand in Not, und dann kann jemand, der um den jüdischen Tempel überhaupt nichts gibt, ein Samariter, einfach weil er ein Mensch ist, von innen her das Richtige tun: Er geht hinüber zu dem Menschen, der alleine sich nicht retten kann. Auf diese Weise findest du Gott. Dein Nächster aber ist derjenige, dem du nahe kommen musst, weil es gar nicht anders möglich ist, solange du ein Mensch bist. Und lass dir das nicht ausreden durch irgendwelche schriftgelehrten Klugheiten. Ein Priester zum Beispiel darf sich nicht mit Menschenblut besudeln, er darf nicht unkoscher werden, denn er muss seinen Pflichten im Tempel bei der Darbringung der Opfer obliegen (vgl. Lev 21, 11). Hör dir solche Dinge nicht an; dass etwas einen Menschen vom andern trennt, dass etwas den Bedürftigen trennt von demjenigen, der ihm helfen könnte, kann kein göttliches Gesetz sein. Egal wie es bei Moses heißt, es gibt eine Klarheit der Evidenz im Inneren.«

»Barmherzigkeit« – auch mit Geschiedenen?

Natürlich könnten wir jetzt sprechen im Sinne von Papst Franziskus von Barmherzigkeit, und wir wären beim Thema auch des Katholikentages von oben angekommen. Wir stünden ganz und gar da, wo wir sein sollten. Der Weg dahin ist aber nicht so einfach abrufbar. Soeben noch hatten wir es zum Beispiel zu tun mit den kirchlichen Gesetzen im Umgang mit wiederverheirateten Geschiedenen; was heißt da Barmherzigkeit in der Seelsorge. Wir nennen die Leute nicht mehr in einem *connubium*, in einer »wilden Ehe« befindlich, aber wie benennen wir sie dann? Als öffentliche Sünder wohl nicht mehr, eher schon als Gescheiterte; wenn sie denn ihre Schuld gestehen und bereuen; dann kann man ihnen vergeben und »barmherzigerweise« zum Tisch des Herrn zulassen. So in etwa soll sich die seelsorgliche Praxis in der katholischen Kirche über das geltende Kirchengesetz hinaus entwickeln. Doch selbst in dieser zaghaft reformierten Form wird die katholische Moraltheologie und Gesetzeslogik der Wirklichkeit der Menschen nicht gerecht.

Eine Frau etwa, die den Alkoholismus ihres Mannes endlich hinter sich hat, hat nicht viel zu bereuen, außer, dass sie vielleicht zehn Jahre zu spät von ihm weggegangen ist. Ihr kann's nicht leidtun; wohl, ihr Mann kann ihr leidtun, aber so ging's mit ihm nicht weiter. Kann man verstehen, wie ein Mensch zum Alkoholiker wird? Kann man verstehen, welch eine Tragödie sich mit dem Menschen aufführt, der ihm am nächsten ist? Kann man verstehen, was Kinder in einer derart zerrissenen Ehe erleben? Dann müsste man auch verstehen, dass es möglich ist, einem Kirchengesetz zu widersprechen aus Verantwortung zum Beispiel für die Kinder in ihrer Angst, für einen Kranken in seiner Not, für eine Betroffene, die überfordert ist. Lauter Fragen erheben sich da, die man sich stellen muss. Was brauchen Menschen in ihrer Not, was Menschen, die leiden, was Menschen, die zerbrechen? Und: wie wird man dem *gerecht*? Barmherzigkeit ist ein wichtiges Motiv, doch Verstehen und Durcharbeiten noch ein anderes, das unter Umständen die gesamte Anthropologie eines rational-asketisch verengten Weltbildes aufbricht.

Schopenhauers Moral des Mitleids

Der atheistische Philosoph Arthur Schopenhauer konnte einmal sagen – argumentativ fast auf der Höhe des Gastrechts im Alten Testament (Ex 23, 9) –: »Alle Moral gründet sich auf der Identität mit dem Notleidenden.« Der Bettler am Wegesrand, das bist du selber, indisch gesprochen: *tat tvam asi*. Wenn du das nicht glaubst, überlege nur einen Moment: Dass du da nicht sitzt, wo er sich befindet, ist nicht dein Verdienst, sondern ein reines Glück, das du unverdientermaßen hattest. Du gehst hier raus, und es genügt, dass du an der Stufe, steilabfallend, stolperst. Alles Mögliche kann passieren schon in der nächsten Stunde. Grade hier sitzend, zwischen unseren Schläfen, kann etwas geschehen, eine Embolie, ein Hirnschlag, und Sie sind ein gänzlich anderer, ein der Hilfe Bedürftiger. Zwischen dem einen und dem anderen Zustand scheinen Welten zu liegen, doch dass Sie noch auf dieser Seite stehen, wo Sie helfen könnten, zeigt, dass Sie reinweg aus der Identität mit demjenigen, dem es schon so gegangen ist, wie es Ihnen selber gehen könnte, in die Pflicht genommen werden.

Alle sind wir Bettler. Alle sind wir Fremde. Alle sind wir Hilfsbedürftige. Das zu erkennen sei das Hauptmotiv aller Moral, meinte Schopenhauer. Er nannte das nicht Barmherzigkeit, er nannte es Mitleid – ein wunderschönes deutsches Wort, das wir leider gerade aus dem Sprachraum wegräumen. Mitgefühl darf man noch sagen, Mit*leid* – das geht nicht. Leid ist unpositiv, Leid tut irgendwie weh. Aber Schopenhauer meinte, Mitfreudigkeit koste ja nichts. Einer fängt an zu lachen, dann ist es wie im Reflex: wir lachen mit. Das ist keine ethisch große Tat; aber mit*leiden*, dabeibleiben, wo ein anderer leidet, gegen die inneren Widerstände – das zweifellos ist ein ethisch hochstehendes Verhalten, das sich ergibt, weil man weiß, es geht einem reinweg durch Schicksalslaune gerade noch ein bisschen besser als dem anderen.

So entsteht eine Moral, wie sie bis dahin nie existierte. Bis dahin hatten wir Moral und Gerechtigkeit immer mit (eigentlich egozentrischen) Besitzansprüchen verknüpft sowie mit bestimmten Voraussetzungen einer Habmacht, die uns philosophisch als wesenhaft zugeschrieben wurden und die im Konkreten kaum je gegeben sind: wir müssen frei sein, um gut sein zu können, wir müssen klar bei Verstand sein, um gut handeln zu können, wir müssen einigermaßen in Übereinstimmung mit uns befindlich sein, um gut denken zu können. Das sind eine Menge von Voraussetzungen, die wir zu haben haben, um gut sein zu können. Jetzt indessen verhält es sich genau umgekehrt: Nicht von dem her, was wir besitzen, sondern von dem her, was wir brauchen, können wir dem andern gerecht werden, indem wir begreifen, dass wir *alle* gemeinsam dasselbe brauchen. Schopenhauer meinte im Übrigen, dass nur das Mitleid ein so starkes Gefühl sei, dass es die gewöhnliche Ichsucht zu überwinden vermöge. Das lässt auch biblisch sich begründen: Hebräisch gesprochen, entspricht das Wort Mitleid dem biblischen Wort für Mütterlichkeit, *rachamim*. Es besagt, dass wir Menschen dazu aufgerufen sind, einem jeden zu begegnen in der Art, wie eine Mutter ihrem Neugeborenen begegnet. Allem, was in Not ist, sollten wir begegnen, indem wir es in mütterlicher Weise in die Arme schließen. Und wann würde dafür eine Grenze sein können oder dürfen?

Eines hat Schopenhauer sich vor allem dabei gedacht: unsere Triebimpulse – Selbstdurchsetzung, Aggression, Machtstreben, sexuelle Begierde –, die alle brauchten, damit sie sich nicht rücksichtslos austoben, ein Gegenmotiv, das mindestens so stark ist wie diese Triebimpulse selbst; deswegen brachte er das Mitleid ins Spiel. Mütterlichkeit ist tatsächlich ein Triebimpuls, eine biologisch begründbare Seelenregung. Die Neurologen sagen, ein solcher Drang hänge ab von der Ausschüttung von Oxytocin; das erfolge bei Frauen intensiver als bei Männern, doch ganz unbegabt sind auch Männer gewiss nicht für Mütterlichkeit, für hebräisch *rachamim*, für eine Güte, die sich daran orientiert, was der andere braucht. – Genau das ist die so andere Gerechtigkeit im Sinne Jesu.

Ein Leben aus Vergeben und Verstehen oder: Befreiung zur Freiheit

Noch ein Stück weiter müssen wir dabei gehen. Wenn es denn schon feststeht, dass wir alle Bedürftige sind, wovon leben wir dann? Martin Luther meinte angesichts von Genesis 6 bis 8, der Sintflutlegende: Wir leben überhaupt nur, weil Gott uns vergibt; weil Jeremia recht hat: Ein anderes Leben als aus Vergebung ist überhaupt nicht möglich.

Dann sind wir dicht bei dem Problem, das sich Paulus im Römerbrief, Kapitel 5 bis 8, stellt: Sind wir Menschen wirklich frei, das Gute zu tun, weil wir es wollen? Paulus erlebt es bei sich selbst so anders. »Das Gute, das ich will, *kann* ich nicht tun, und das Böse, das ich nicht will, *muss* ich tun. Wer befreit mich aus diesem Widerspruch?«, schreibt er (Röm 8, 19. 24). Wir brauchen heute die Neurosenpsychologie der Psychoanalyse, um zu begreifen, wie derartige Verwerfungen möglich sind und dass sie alle sich nur heilen lassen, wenn buchstäblich jetzt für die Seele sich eine Asylstätte aufschließt, an der Menschen nicht gefragt werden: »Was kann ich mit dir tun, wozu bist du mir nützlich?«, sondern: »Was hat man dir angetan? Und welch einen Lebensweg musstest du gehen, um dahin zu kommen, wo du dich jetzt befindest?« Nur wo Menschen nicht verurteilt werden, wo sie spüren, dass es einzig das Bemühen des anderen ist, zu verstehen, sich einzufühlen und zu begleiten, öffnet sich die Seele wie eine Türe, die nur von innen her sich erschließen lässt.

Genau das, eine Art von göttlichem Umfangenwerden, ist jene Grundhaltung der Vermenschlichung, die Jesus im Sinne trug und die wir säkular am ehesten als »psychotherapeutisch« bezeichnen können, die wir aber am dichtesten erfahren, wenn wir einander vorbehaltlos lieben. So verstanden, sprechen wir am besten nicht mehr von Gerechtigkeit im griechischen Sinne, sondern lassen uns verweisen auf das, was Paulus mit diesem Wort in gänzlich neuer Interpretation verbindet: *Dikaiosýne* »Gerechtigkeit« übersetzt sich bei Paulus jetzt, gut lutherisch, am besten mit dem Begriff Rechtfertigung. Es ist völlig anders als *Zedaka*. Bei der jüdischen Form der Rechtschaffenheit haben Sie Menschen vor sich, die das göttliche Gebot kennen und sich daran halten – äußerlich, rechtlich, juridisch, paragrafengetreu. Das, wie gesagt, ist bereits ganz anders als der Begriff der *iustitia* in Rom. Die neue Gerechtigkeit Jesu aber, die Rechtfertigung Pauli, läuft auf die innere Einsicht hinaus: Ich bin mit Gott und mit meinem eigenen Herzen nur dann in Einklang, wenn ich dem anderen in seiner Not helfe entsprechend der Erkenntnis, dass, wo er steht, ich auch stehen könnte. Es ist eine Begründung des gesamten Daseins aus einer Güte, die wir nie verdient haben, aber von der wir wirklich leben. – Ich weiß es nicht besser, als dass wir ein Stückchen in die Psychologie gehen, um diesen wichtigen Punkt zu verdeutlichen.

Vor ein paar Tagen war zum ersten Mal eine Frau bei mir, die seit jetzt sechs Jahren für arbeitsunfähig gilt; Burn-out ist die Diagnose. Über dreißig Jahre lang hat sie alles getan in ihrer Firma, um zu erfüllen, was man von ihr erwartete. Sie leidet unter Übergewicht, und so sitzt sie jetzt vor mir. Sie hasst sich selber, sie fürchtet, dass alle sie auslachen, dabei hat sie doch immer ihre Pflicht getan. Sie ist eine kluge Frau, eigentlich sehr diszipliniert und leistungsstark, doch jetzt, wo sie endlich Ruhe haben könnte, stellt sie fest, dass ihr Vater dement wird und ihre Mutter pflegeabhängig; erneut muss sie den Himmel stützen und vor dem Einsturz bewahren. Was sie seit Kindertagen erlebt hat, ist diese grausame Dressur, nicht nur minderwertig zu sein, nicht nur hässlich zu sein, nicht nur ungeliebt zu sein, sondern weit schlimmer: überflüssig, schädlich, am besten gar nicht existent zu sein.

Sie haben vor sich eine Frau, die noch nicht fünfzig Jahre alt ist und deren Leben dennoch wie erstorben ist, weil sie niemals hat glauben können, dass es so etwas wie Liebe gäbe. Wohl, es hat eine Menge Männer gegeben, die mit ihr etwas anfangen wollten – vor denen aber ist sie weit geflohen; es war zu gefährlich für sie. Denn es wäre gewesen die Widerlegung ihrer gesamten Lebenserfahrung. Aber jetzt: Was muss geschehen, um die Erfahrungen einer ganzen Kindheit, eines ganzen Lebens langsam ins Gegenteil zu geleiten?

Wir machen ihrem Vater keinen Vorwurf. Er war ein guter Handwerker, der unter der extremen Armut seiner eigenen Herkunft litt, der keinerlei Verschwendung duldete und der bei seiner Tochter einzig Anstrengung sehen wollte und Leistung, ein Mann, der keine Gefühle bei ihr zuließ, dafür aber äußerst jähzornig sein konnte, schon weil er selber immer überfordert war; vor diesem Mann verkroch sogar die Mutter sich in Angst und konnte ihre Tochter nicht beschützen. Sie gab die Dressate ihres Mannes einfach eins zu eins an ihre Tochter weiter. Niemand hat das Mädchen jemals in seinem Leben beschützt. Außerdem war es ja nur ein Mädchen. Ihr Bruder schrieb bloß Vieren in der Schule, aber er durfte auf die höhere Schule gehen; sie schrieb lauter Einsen, aber sie durfte nicht auf die höhere Schule: Sie war ja nur ein Mädchen. Hundert Gründe gibt es am Ende für diese Frau zu sagen: es wäre besser, es gäbe mich gar nicht, und ein Suizid konnte ihr seit Langem erscheinen wie eine Erlösung. Wie tüchtig muss man werden, damit keiner merkt, wie minderwertig man sich selber fühlt?

Und was hat das mit Paulus zu tun?, werden Sie fragen. Eigentlich alles. Ich bin lebensberechtigt, hat man ihm beigebracht, wenn ich die 612 Gesetze des Moses halte plus 2000 Kommentargesetze der Rabbinen. Paulus ging von Tarsus nach Jerusalem, um ganz genau zu lernen, was der Wille Gottes sei. Kein Tag sollte enden ohne hundert bewusste Gesetzeserfüllungen; wenn man so lebt, kann man nichts falsch machen. Hier ist das Gebot Gottes und all seine Gesetze, und die einzuhalten ist die Pflicht eines jeden, wenn er an Gott glaubt, also für jeden Israeliten, und wenn er so nicht tut, verhindert er die Ankunft des Messias. Anders folglich darf man überhaupt nicht leben. Paulus meinte es nur gut, jedoch mit dem erschreckenden Ergebnis, dass er fast zum Mörder drüber geworden wäre: Wenn die Christen, diese Jesus-Jünger, recht hätten, dann wäre da ein Gott, der als Erstes die Menschen, statt sie gerecht zu beurteilen, mütterlich umarmt – all die Verlorenen, die Schuldigen, so wie die Dirne Sonja den Mörder Raskolnikow (russisch: den Entwurzelten) umarmt.

Wenn diese Jesusanhänger recht hätten, wäre die gesamte Basis der Gesetzesreligion umsonst; sie schmölze hinweg wie vereistes Wasser in den Seen und den Flüssen unter den Strahlen der Frühlingssonne; und diese bloße Möglichkeit schon stellt Paulus radikal infrage, sie vernichtet ihn geradezu. Von daher versteht man sein Verhalten, wie die Apostelgeschichte es schildert (Apg 7, 58; 9, 1 f.): Wenn das, was Jesus verkörpert, für die Identität des Paulus mörderisch wird, muss man sie alle ausrotten, die Christen. Eine letzte Chance mögen sie haben, indem sie zurückkehren zum Väterglauben, wo aber nicht, verdienen sie nicht, länger zu leben.

Wir ahnen, dass sich in dieser Haltung nur die Art nach außen setzt, wie Paulus sich selber empfindet. Ist er nicht treu dem Gesetz, gehört er selber vernichtet. Das ist sein Gottesbild – voller Angst, voller guten Willens und voller Sorge, bei Gott nicht berechtigt zu sein, es sei denn durch die Ableistung einer perfekten Gebotserfüllung. Steht es so, sind Sie ganz und gar bei dem Schicksal jener Frau, die von Gott den Worten nach gar nicht redet: Alles, was sie denkt, besteht in ihrem angstgetriebenen Vorsatz: Ich muss mich korrekt verhalten, ich muss etwas Nützliches tun, ich muss etwas Akzeptables vollbringen, ich muss alles tun, was die anderen von mir wollen, denn wenn ich das nicht tue, habe ich keinerlei Berechtigung zum Leben. – Irgendwann haben wir uns darauf geeinigt: Es geht darum, berechtigt im Leben zu sein. Doch am

Ende des Gesprächs hatten wir ein typisches Problem: »Und was bin ich Ihnen schuldig?«, fragte sie. Ich sagte: »Eine Frau wie Sie überhaupt gar nichts.« »Nein, das geht nicht.« Sie fing an zu weinen und wurde ganz unruhig. Es war die erste Lehrstunde aus unserem ersten Gespräch: Es gibt für sie einmal etwas umsonst. »Nein, nein, nein!« Es war für sie (noch) nicht akzeptabel, es war viel zu früh. Es war mein Fehler, ihr eine Gratisbehandlung aufgedrängt zu haben. Es wird wohl noch viele Stunden brauchen, um die Erfahrung machen zu dürfen, es gäbe etwas umsonst – gratis, gnadenhaft. Genau das wäre die Basis eines Neuanfangs im Sinne Jesu. Der Mann aus Nazareth mag es erlebt haben bei der Taufe am Jordan: Unter der Schuld der Johannespredigt beugte er sich ins Wasser und sah über sich den Himmel offen und vernahm eine Stimme, die er fortan weitergeben mochte: »Du bist doch mein Sohn« (Markus 1, 11). Keine Sintflut mehr; ein Neuanfang in Gnade.

Die Rechtfertigung der Existenz eines jeden – Eine Botschaft für alle

Das also wäre *dikaiosýne*, die neue Gerechtigkeit unter den Augen Gottes, die Rechtfertigung der gesamten Existenz. Sie begreifen, dass überhaupt erst unter dieser Voraussetzung die äußeren Gebote der Moral, des bürgerlichen Anpassungsreglements wirklich abzuleisten sind. Gut sein können Menschen nur, die mit sich identisch geworden sind, die aus ihren inneren Zwiespälten und Selbstablehnungen herausgewachsen und -gereift sind; gut sein in moralischem Sinne können Menschen nur vermöge einer Güte, die sie als eine absolute glauben können. Und dieser Erfahrung bedürfen wir alle.

Ich höre, dass der Katholikentag in Leipzig für nicht wenige in der Bevölkerung unerwünscht sei. Denn in Leipzig gibt es nur drei Prozent Katholiken, also gehört ein Katholikentag gar nicht hierhin. Dann gibt es vier Prozent oder laut einer anderen Statistik sogar vielleicht dreißig Prozent, die nennen sich protestantisch. Die Gruppierung der Giordano-Bruno-Gesellschaft protestiert gegen die Mitfinanzierung des Kirchentages durch die kommunalen Behörden und fordert, dass endlich Trennung sei von Staat und Kirche und nicht die Kirche 30 Millionen und mehr unter der Hand für Schulbauten und alles Mögliche bekommt – all das in einem angeblich säkularen Staat!

Ich glaube, dass wir bei der neuen Gerechtigkeit im Sinne Jesu in der Auslegung des Paulus, weitergeführt in der Interpretation des Martin Luther, eine Sprache finden können, in der es eigentlich egal ist, in welchem konfessionellen Sinne jemand sich als Christ bezeichnet, in welchem Sinn jemand sich als

Nichtchrist bezeichnet. Wovon wir hier reden, ist etwas, das jeder braucht, weil er ein Mensch ist, und das schon deshalb universal zu sagen ist. Jeder kann das Gemeinte verstehen: »Wovon du wirklich lebst, ist eine Zuwendung, eine Liebe, die absolut gilt, die du nicht verdient hast und die du nicht verdienen kannst und die du, ganz buchstäblich: Gott sei Dank, auch gar nicht zu verdienen brauchst. Nenn diesen Hintergrund, der dich meint, bestätigt und will, wie du irgend möchtest; wir hier nennen ihn Gott, so wie Jesus ihn uns nahegebracht hat. Mit dem Begriff des Universums jedenfalls kommst du nicht aus, so beliebt er für manche inzwischen als eine Art Religionsersatz zu werden beginnt. Das Universum hat dich nicht gemeint. Es hat dich ermöglicht und hervorgebracht, aber nie gemeint. Du wirst es sehen: Es wird dich zurücknehmen ohne jegliches Bedauern, und es fragt nicht auch nur einen Augenblick nach dir. Auch und gerade Giordano Bruno betrachtete das Universum als Schöpfung Gottes, nie als die Gottheit selbst. Aber es ist möglich, sich vorzustellen, dass jede persönliche Begegnung sich öffnet zu einem Vertrauen, das wir einander vermitteln, wenn wir so zugewandt, so verstehensbereit, so gütig sind, dass es den andern aufschließt zu sich selbst und zu den anderen; dann öffnen wir die Kerkerwände der irdischen Existenz und lassen das Licht des Himmels hereinfallen in einen Raum, der sonst in Dunkelheit gehüllt bliebe. Wir haben damit eine Botschaft, die alle angeht, weil sie Menschen sind, und welche die Vermenschlichung zum Ziel hat, die wir christlich als Erlösung bezeichnen.«

Güte zur gesamten Kreatur

Einen Anhang muss ich noch hinzufügen. Wir sollten die Güte, die wir einander entgegenbringen, nicht begrenzen an der menschlichen Spezies. Alle Gefühle, die wir haben, verdanken wir den mindestens 200 Millionen Jahren der Säugetierevolution. Die Heraufkunft der Wirbeltiere seit ungefähr 500 Millionen Jahren macht es möglich, dass Sie sogar Ihre Guppys und Ihre Goldfische im Aquarium gern haben. Irgendwie verstehen Sie diese Lebewesen mit den Augen, mit dem Mund, mit der Raschheit ihrer Flossen, mit der Eleganz ihrer Bewegungen, mit der malerischen Färbung und der geheimnisvollen Symmetrie ihres Körpers. Irgendwie gibt es da Bezüge zu uns selber, und das allein schon bringt sie uns nahe. – Nach einem ähnlichen Vortrag wie diesem vor ein paar Tagen fragte mich jemand: »Und was machen wir mit dem Urteil in Münster?« Er meinte die richterliche Erlaubnis des millionenfachen Schredderns von Küken, die nichts weiter verbrochen haben, als dass sie männliche Tiere sind; also gilt für rechtens, für rational begründbar, für die Tiere also als zumutbar, dass man sie, kaum geschlüpft, lebendig zermahlt. So muss es sein, denn sonst kämen die Massentierhalter in die Bredouille.

Ich konnte nur sagen: »Was erwarten Sie von einem Recht, das auf mindestens zwei fundamental falschen Voraussetzungen basiert?« Zum einen: Wir, die Menschen, sind der Mittelpunkt der Welt. Wir haben schon deshalb alle Rechte, weil nur wir vernunftbegabt sind. Und zum anderen: Tiere haben keine Gefühle, auf die wir Rücksicht nehmen müssten. Beides stimmt nicht und trägt die Gefahr in sich, dass wir das, was wir heute den Tieren zufügen, morgen den Menschen zufügen. Auch Menschen lassen sich betrachten als reine Reflexmaschinen. Die Computerindustrie simuliert seit Langem schon alles Mögliche an menschlichem Verhalten mit dem Ziel, uns abzuschaffen beziehungsweise uns perfekt zu kontrollieren, unsere Entscheidungen vorwegzunehmen, und uns im Ganzen als Personen und als Individuen vom Markt zu nehmen. Gefühle, Subjektzentriertheit, Mitempfinden, Mitleid – all das sind Dinge, die den Computern auf immer fremdbleiben werden. Wir als Personen, als Individuen sollten unsere Menschlichkeit bewahren, indem wir kraft der Liebe, die Gott selber ist (1 Johannes 4, 8), einen Raum erschließen, der nicht in der Natur und nicht im Wirtschaftsleben der Gesellschaft vorkommt: einen Asylraum der Gnade.

Es gab das Alte Ägypten, und das hatte eine wunderbare Vorstellung von Gerechtigkeit: Im Tode träten wir vor das Angesicht der Göttin der Weltordnung und Gerechtigkeit, der Maat mit ihrem schwarzen Haar, darinnen eine Feder. Die legt sie auf die eine Seite einer Waage, und auf die andere legt sie das menschliche Herz, und dann misst sie, ob beides im Gleichstand ist. Vielleicht ist das menschliche Herz so beschwert, dass es nicht so leicht ist wie die Feder aus ihrem Haar. Denn also muss sprechen können sogar der Gottkönig und Pharao, der Sohn Gottes auf Erden, der Repräsentant der Sonne unter den Menschen: »Ich habe keinen Menschen weinen gemacht.« Wenn er so ernstlich sprechen könnte und könnte fortfahren: »Ich habe demjenigen, der den Fluss überqueren wollte und kein Boot hatte, eines ausgeliehen, ich habe dem hungernden Kinde Milch gegeben«, so hätte er sterbend die menschliche Sphäre ohne Leid verlassen. Schon dieser Glaube, schon diese Zuversicht hat die christliche Lehre von der Auferstehung und vom persönlichen Gericht zutiefst geprägt. Aber nun kommt etwas, zu dem das ganze Christentum bis heute nicht fähig war: Es werden die Tiere vorgeladen, und der Pharao muss angesichts ihrer sprechen: »Ich habe keinem Esel und keiner Ente Leid zugefügt«;

denn sonst würden die Vierbeiner und die Zweibeiner zu Wasser, zu Lande und in der Luft den Gottkönig und Pharao im Angesicht der Göttin der Gerechtigkeit verklagen. Und wehe ihm dann.

Es war Schopenhauers Gedanke, dass Mitleid unteilbar ist und dass wir es lernen könnten, mitleidig zu werden. »Schon deshalb«, spricht er, »sind uns die Haustiere so lieb, weil wir bei ihnen lernen, was Gemütlichkeit sei.«

Ich danke sehr für Ihre Aufmerksamkeit.

TEIL II

Eugen Drewermann antwortet auf Fragen aus dem Publikum

Eine große Pause müssen wir vielleicht gar nicht machen; am besten aber, wir sammeln die Fragen, die Sie stellen möchten, dann können wir in etwa die Zeit kalkulieren und auch die Sinnzusammenhänge ein bisschen strukturieren. Der Raum hier ist nicht ganz groß, Sie können also einfach laut sprechen. In jedem Falle spreche ich über Lautsprecher nach, was ich zu verstehen meine. Die jetzt schon gehen möchten oder müssen, sollten natürlich jetzt das Recht dazu haben; niemand sei zum Hierbleiben gezwungen. Das Wetter ist schön, die Stadt verlockend, Auerbachs Keller, Goethes Heimat gewissermaßen, gleich gegenüber lädt ein …

Von Islam und Islamismus, von Krieg und Antiterrorkrieg

ZUHÖRER: Sie haben von den Flüchtlingen geredet, und es ist ja im Moment die große Furcht, dass der Islam, der ja ein ganz anderes Menschenverständnis hat, uns überfremdet. Wir nehmen aus der Kindheit bestimmte Dinge mit; ich wäre zum Beispiel nicht mehr in der katholischen Kirche, wenn ich nicht hier auch eine Menge Positives erfahren hätte von einfachen gläubigen Menschen, nicht von ganz oben. Wie sehen Sie das mit dem Islam?

EUGEN DREWERMANN: Genau. Eine schöne Frage, die aktuell genug ist, dass wir sie erörtern. Wir fragen einfach mal querbeet weiter (keine neue Wortmeldung). An sich ist schon dies eine abendfüllende Frage, also wir können es dabei zunächst ruhig lassen. Ich probiere es tatsächlich einmal damit und erlaube mir, dabei ein bisschen ausführlicher zu werden.

Unser Verhältnis zum Islam ist ein eigentümliches, weil wir seit seiner Entstehung ihn als Bedrohung und Fremdkörper statt als Angebot begriffen haben. Sie wissen, dass der Islam im 7. Jahrhundert seinem Selbstverständnis nach sich nicht als eine neue Religion interpretiert hat, sondern als ein Reformprogramm für die Schriftbesitzer (Juden und Christen).

Mohammed ist im Koran der Auffassung, dass Gott überhaupt nichts anderes sagen kann, als was er immer sagt, denn er ist stets derselbe. Also steht im Koran, was Noah schon geglaubt hat in den Tagen der Sintflut, was Abraham geglaubt hat bei seiner Berufung, was Moses am Sinai meinte, als er die Gesetze verkündete, und was auch Jesus in Galiläa gesagt hat; all das sagt jetzt Mohammed auf Arabisch im 7. Jahrhundert. So einfach wäre es, ein Muslim zu sein. Und Sie haben zwei klassische Kriterien dafür: Wer glaubt, dass Gott ist, und wer glaubt an die Auferstehung, also dass Gott existiert und dass er stärker ist als der Tod, der ist ein Muslim. So einfach ist das. So verstanden sind wir alle Muslime beziehungsweise eingeladen, es zu werden.

Nehmen Sie das jetzt mal so, wie es hätte wirken können, dann erschienen die Juden als Schriftbesitzer und vor allem die Christen mit ihren Geschichten und Dogmen über Allah als dringend reformbedürftig. Mohammed stand staunend davor, wie man erklären konnte, dass Gott mit der Jungfrau Maria ein Kind gezeugt habe. Das ist so erkennbar mythologisch, dass es im Ernst, wörtlich genommen, dogmatisch verfestigt, sich auf Gott in Wahrheit nicht beziehen lässt. Also muss man eine solche Lehre entfernen, die erkennbar nicht stimmen kann. – Eine solche Erfahrung können Sie heute Nachmittag noch machen: Sie steigen irgendwo in ein Taxi, meistens sind es Türken oder Perser, die als Taxifahrer angestellt sind, und so kommt es durchaus dahin, dass Sie die Frage hören: »Ja, glaubst du, Gott hat Kinder? Glaubst du, Gott ist drei? Wie glaubst du?« Und wie darauf antworten?

Ich selber lasse mir das muslimische Denken gerne in Erinnerung an ein langes Gespräch erläutern, das ich 1964, also vor über fünfzig Jahren führte, als ich durch den Osten der Türkei trampte – da, wo Erdogan heute die Kurden bombardiert – und beim Trampen von einem Autohändler zwischen Adana und Mersin aufgelesen wurde.

Der Mann hatte in London studiert, er sprach viel besser Englisch als ich, aber wir diskutierten zwei Nächte lang über Gott und die Religion. Ich stellte als Erstes all die dummen Fragen, die bis heute für unsere Journaille Pflicht sind: »Was ist es mit dem Dschihad?« Seine Antwort, lächelnd, war: »Es ist das Engagement für die Wahrheit.« »Ja, aber ich hab das Schwert des Propheten im *Topkapi-Serail-Museum* in Istanbul gesehen.« – »Das ist zeitbedingt, das war damals so; aber in der Weise sollten wir es nicht weitermachen. Freilich, es stimmt: der Islam hat sich nicht ohne Gewalt ausgebreitet. Nur war das bei euch nicht anders. Gottfried von Bouillon, als er 1099 einzog in Jerusalem, befahl: ›Alle Einwohner umbringen. Egal ob Christen oder Muslime oder Juden, Gott erkennt schon die Seinen.‹ So handelten Christen. Als wir unter Saladin nach Jerusalem kamen, stand der Ort offen für alle, die da hineinwollten, es herrschte Kultfreiheit. Wenn du so willst, hatten wir eine Art Vergnügungssteuer für einen abweichenden Ritualdienst, mehr aber nicht. Eigentlich konnte jeder sein Recht in Anspruch nehmen, nach Jerusalem zu wallfahrten. Also mit dem Schwert des Islam ist das so eine Sache.«

Irgendwann fing er an, mich infrage zu stellen, und das war großartig. Er sagte nämlich: »Mohammed hat das klar gesehen: Wir Menschen brauchen Begriffe, Wörter, Bilder, um von Gott zu sprechen. Das sind die berühmten tausend Namen Allahs. Aber jeder Muslim weiß: Gott ist größer: *Allahu akbar*, als alle tausend Namen, die wir für ihn verwenden. Alle Wörter, Begriffe und Bilder stammen von uns Menschen, und bei euch, den Christen jetzt, muss man denken, dass eure Lehren nicht die ursprüngliche Botschaft Jesu wiedergeben, sondern ein Konglomerat aus allen möglichen Kulturen und Religionen darstellen. Vieles stammt hier aus der Türkei, von den Hethitern, 1500 vor Christus; vieles aus Ägypten, 3000 vor Christus, das allermeiste von den Griechen, 600 vor Christus, hier in Ionien, aus dem Westen der Türkei; aus all dem habt ihr eine Fülle von zum Teil widersprüchlichen

Dogmen entwickelt. Da ist die Muttergottheit, natürlich aus Ephesus, woher sonst? – Morgen fahr ich dich nach Karatepe und zeige dir eine Darstellung der Muttergottheit der Hethiter. Von denen kommt die Vorstellung vermutlich. Sie ist deswegen nicht falsch, ihr mögt das weiter glauben, aber ihr müsst wissen, dass das Bilder sind. Gott ist auch väterlich, er ist mütterlich, natürlich, aber all das sind Bilder. Das Schlimme ist, dass die Religionen daraus Dogmen gemacht haben; mit ihren Dogmen widersprechen sie sich; dann vereinigt der Glaube an Gott nicht mehr die Menschen, sondern er trennt im Namen Gottes die Menschen voneinander.«

Ich habe damals, 1964, mitten im Theologiestudium mir geschworen, von Jesus nie mehr anders zu reden, als dass dieser Mann es verstehen würde. Seit 1300 Jahren hätten wir im christlichen Abendland die Chance, die eigene Dogmatik zu reformieren an der einfachen Botschaft des Propheten aus Mekka.

Denn es zeigt sich: Der Islam war und ist eine aufgeklärte Religion; er begründete sich im Mittelalter philosophisch sehr überzeugend. Die Griechen, Aristoteles, all das haben wir über Toledo und die Übersetzungen von Juden daselbst vom Griechischen ins Lateinische ins Abendland transportiert bekommen. Es waren die Mauren, die dort regierten. – Wissen Sie übrigens, dass es das heilige Buch der Juden, den Talmud, überhaupt nicht gäbe ohne den Schutz der Mauren in Südspanien? Hier aus dem deutschen Worms musste um 1200 ihr Hauptrabbiner fliehen und all die Texte mitnehmen nach Spanien, bis dann in Venedig um 1500 das ganze Buch gedruckt werden konnte; da waren die Mauren schon wieder aus Spanien in der Reconquista vertrieben worden, und die Verfolgung der Juden war in vollem Gange – der Großinquisitor Torquemada herrschte damals im Namen der Kirche.

Der Islam ist nicht das, für was wir ihn erklären. Es stimmt, er ist in seiner Erscheinungsform so einheitlich wie das hebräische oder biblische Denken auch – er hat ein Gottesrecht, das gleichzeitig ein Staatsrecht ist. Das ist in Israel in gewissem Sinne ganz genauso, und niemanden stört das, und es wäre auch im Islam so, wenn es nur eingehalten würde. Stattdessen haben wir aus Erdölinteresse einen Haufen korrupter und anachronistischer Regimes installiert; wir haben das Sykes-Picot-Abkommen von 1916 für die Grenzziehung nach dem Krieg unter Briten und Franzosen abgeschlossen, ohne die Araber zu befragen, und danach haben die Amerikaner als Nachfolger der alten Kolonialmächte im Nahen Osten die völlig willkürlichen Grenzziehungen als rechtens übernommen. Überhaupt nicht hineindenken können wir uns offenbar in den Glauben von Muslimen, ein Kalifat sei möglich wie in den Tagen Mohammeds. So war das in Khartum, als der Mahdi verehrt wurde. Damals haben die Briten unter Lord Kitchener es für nötig gefunden, diese religiöse Bewegung zusammenzuschießen mit Schnellfeuergewehren. Kein Mahdi, kein Messias. Nur eine bittere Enttäuschung blieb.

Was aber gehen uns eigentlich die Rechtsvorstellungen der Muslime in ihren eigenen Kulturräumen an? Warum wäre es gefährlich, wenn wir einen Kalifatsstaat im Sudan oder sonst wo hätten? Es wäre schlicht die Sache der Muslime. Ein ganz anderes ist es, wie Muslime hier bei uns leben sollten. Da können wir keinen Geringeren als David Hume zitieren: »Wenn hier in London«, meinte er, »ein Indianer lebt, so mag er glauben an Manitou oder an was auch immer, aber er hat sich natürlich zu richten nach den Gesetzen des Britischen Empires.«

Da sind Sie jetzt wieder bei dem positivistischen *Iustitia*-Begriff der antiken Römer. Auch die Gesetzesvorstellung der Römer trägt einen hohen Grad von Willkür an sich; die autoritäre Verordnung, die Dezision, spielt eine große Rolle, und statt einer göttlichen Begründung findet sich ein gediegener politischer Pragmatismus. Muslime werden sich mit solch einer Auffassung nicht zufriedengeben; Christen und Juden eigentlich auch nicht. Sie wollen nicht in einem Staat leben, bei dem Recht und Unrecht sich alle paar

Jahre per Mehrheitsbeschluss ändert oder an uns vorbei verordnet wird. Was zum Beispiel legitimiert unsere Demokratie? Soll zum Beispiel TTIP sein oder nicht? Es finden Proteste dagegen statt, und doch werden Herr Schäuble und Frau Merkel alles tun, damit wir, das Volk, gar nicht erst gefragt werden. Nicht mal das Parlament. Nicht mal die Abgeordneten. Sie dürfen nicht mal den Vertragstext ordentlich lesen und diskutieren. – Aber davon wird Herr Kessler gleich noch sprechen: über freien und fairen Handel. Das ist ein neues wichtiges Thema; ich vertiefe mich da jetzt nicht.

Das Problem ist, dass wir in der Kolonialzeit, spätestens in den letzten 150 Jahren, alles getan haben, den Islam nicht nur aufzustören, sondern völlig zu deformieren. Was heute Islam heißt, wird zudem noch gefiltert wahrgenommen durch die Feindseligkeitsbrille der Militärstrategen und der US-amerikanischen Politiker auf der Suche nach einer Nachfolge für das verloren gegangene Sowjetimperium. Der amerikanische Militarismus braucht neue Zielscheiben. Das wurde im Pentagon genau so beschlossen, 1989 bereits. Und wen kann man sich zum neuen Feind machen? Den Islamismus. Und was macht man mit ihm am allerbesten? Terror.

Antiterrorkrieg ist eine Definition von Krieg, die niemals enden wird, auch gar nicht enden soll. Mandela, der im Übrigen von der CIA als Terrorist gebrandmarkt wurde und deshalb für viele Jahre ins Gefängnis kam, konnte sagen, für jeden getöteten Terroristen werde es zehn weitere Terroristen geben – das stimmt ganz offensichtlich. Todtenhöfer zählt vor: Als es losging, 2001, hatten wir ungefähr geschätzte tausend Al-Qaida-Mitglieder; jetzt sind wir bei etwa 100 000 IS-Angehörigen. So erfolgreich ist der Antiterrorkrieg. Wohl, mit Drohnen, mit allem was dazugehört, können wir gezielt morden, und wir sind inzwischen so weit, dass der Tod eines IS-Führers in unseren Medien eine erfreuliche Erfolgsnachricht darstellt. Ich höre keinen in der Kirche, der beim Triumph Obamas, mal wieder einen Taliban-Chef ermordet zu haben mit einer Drohne in Pakistan, dem amerikanischen Präsidenten entgegenhält, das sei außergerichtliches Morden, dazu habe er überhaupt kein Recht, es stehe ihm nicht zu, wie im Wilden Westen die ganze Welt aufzurollen. Nein, wir müssen laut Frau von der Leyen selber Drohnen in die Hand kriegen. Das wird wieder ein neues Thema. Aber erwarten wir im Ernst, dass die solchermaßen Bekämpften und Unterdrückten uns freundlich gesinnt sind?

Jean Ziegler, wirklich kein Agitator, hat vor vielen Jahren ein kluges Buch geschrieben vom »Hass auf den Westen«. Er beschreibt darin, wie unsere Wirtschaft in den südlichen Ländern wirkt, wie unsere

Militäreinsätze wirken müssen, und wie Leute, die Französisch sprechen wie ihre Muttersprache oder Englisch oder Italienisch, je nach den Kolonialgebieten, aus denen sie kommen, absolut aversiv reagieren gegenüber der Vormachtstellung, die noch immer im frankophonen Afrika von Frankreich oder im ostafrikanischen Gebiet von Großbritannien ausgeübt wird. Natürlich müssen auch wir Deutsche in Mali mitmischen, auch im Irak, auch in Syrien – es sind bezeichnenderweise die einstigen Kolonialgebiete der Franzosen und Briten.

Vielleicht ist das, was wir derzeit Islamismus nennen, nur eine andere spätere Variante der antikolonialen Freiheitsbewegung. Die Widerstandskämpfer flüchteten sich damals in die kommunistische Ideologie, und das passte den Amerikanern selbstredend gar nicht. Jetzt aber trifft man auf ein vom Ursprung her religiöses Phänomen. Der tragende Grund der Identität ist in diesen Kulturen die Botschaft Mohammeds. Wenn man nicht sein will wie der Westen, aber irgendetwas eigenes doch sein möchte, muss man sich bekennen zum Islam. Eine solche weltanschauliche Identität verleiht eine eigene Würde. Statt dass wir in den islamischen Staaten herumbomben, sollten wir den Menschen dort einfach mal zuhören.

Meine eigene Erfahrung ist die folgende: Wenn Sie auch nur andeuten, dass Sie als Christ etwas zu lernen hätten bei einem Muslim, werden Sie sich wundern über dessen Reaktion.

Ich stand irgendwann in einem persischen Hotel, und oben über der Rezeption, stand auf Arabisch geschrieben, was ich sogar lesen konnte: *bi-smi llahi r-rahmani r-rahimi*: Im Namen Gottes, des Allbarmherzigen, der Anfang der 1. Sure. Stolz wie ich war, murmelte ich das vor mich hin, und ich ahnte nicht, wie mir wurde. Es war nicht nur, dass ich gratis übernachten durfte. Ich galt als Muslim, wenn ich das glaube; und ich konnte nur sagen, das glaube ich von ganzem Herzen: Gott ist allbarmherzig. Ich wurde umarmt, bedient, bewirtet.

Die kleine Szene zeigt überdeutlich: Muslime warten darauf, dass wir im Westen ihnen Respekt zollen; sie haben uns etwas zu sagen. Nach ihrem Selbstverständnis sind sie die letzte Offenbarungsreligion, die Vollendung also der Bibel. Das mag uns seltsam vorkommen, aber da ist etwas Berechtigtes, vor allem angesichts der Verfälschungen, die wir an der Botschaft Jesu durch den kirchlichen Dogmatismus vorgenommen haben.

Ich bin überzeugt, dass sich im Himmel der Prophet aus Nazareth und der Prophet aus Mekka sehr gut verstehen – viel besser als die Kirchenlehrer in Antiochien und in Alexandrien. Mit denen ist schwer Kirschen essen. Aber die gleiche Leidenschaft immerhin (Rilke hat das erkannt) herrscht hier wie dort; da ist die gleiche Leidenschaft, der gleiche prophetische Elan, dieselbe Gottunmittelbarkeit. So brauchen Muslime keine Pastöre; sie haben die Gebetsnische in der Moschee, und in der, gewendet nach Mekka, verneigen sie sich vor Allah.

Wie viele Stunden habe ich gesessen in Moscheen! Ich muss zugeben, ich begreife diejenigen nicht, die in Deutschland oder in der Schweiz die Minarette verbieten wollen oder die hochgewölbten Kuppeln der Moscheen, die eigentlich ein Bild sind für den weltüberwölbenden Himmel: blau, riesig, erhoben und erhaben, und wir darunter winzig klein, und die Minarette, wie ein gotischer Turm aufsteigend zum Himmel. Ich hätte durchaus nichts dagegen, wenn die Muezzin von da ihre Gebetsaufforderung herabrufen würden.

Für mich war das in Oran ein ganz wunderschönes Erleben: Mit Sonnenaufgang nämlich, morgens, um 4.15 Uhr ungefähr, mit dem ersten Sonnenstrahl hörte ich den Ruf eines Muezzin und dann eines anderen, und es war wie ein Glockenklang, der sich über die ganze Stadt legte; bis dann das Gerassel der Zulieferer mit Milchkannen und anderen Geräten alles übertönte. Da erhob sich der reine Radau, man kam nicht mehr zum Schlafen, aber wie wunderbar die Andacht am Morgen! Und wie viel Inbrunst steckt darin, die uns inzwischen völlig fremd geworden ist! Schon deshalb, glaube ich, hassen wir sie, wie sie *wirklich* noch glauben.

Dieser Tage sprach ich eine Religionslehrerin in Berlin, die erzählte, die einzigen Kinder, die an Auferstehung glauben, seien Muslime; sie seien die einzigen, die überhaupt etwas glauben. Den deutschen Kindern könne man erklären, was man wolle.

Genauer noch: Ich entsinne mich, wie in Persien, in Isfahan, ich irgendwann nachts gemeinsam war mit einer Gruppe von Soldaten. Eigentlich tue ich mich nicht leicht im Umgang mit Soldaten, aber diese musste ich mögen – lauter nette Leute. Ich fürchte, dass sie alle den Krieg, den die Amerikaner damals angezettelt haben, um Ajatollah Chomeinis Islamische Revolution zu stoppen, mit über einer Million Toten, nach sechs Jahren Krieg, nicht überlebt haben. Einer von ihnen reichte mir einen großen Krug Wasser mit Eis drin. Ich durfte davon trinken und tat es in kleinen Schlucken. Dann kam einer von ihnen und zeigte mir, wie man »richtig«, in großen Zügen, trinkt; stolz stellte er es lachend gegenüber: »You drink – I drink.« Alle von ihnen, niemand musste es ihnen befehlen, standen mit dem Aufgang der Sonne auf, beugten sich nieder und beteten in Richtung Mekka. Gewiss, Schiiten sind besonders glühende Muslime, nicht selten der Mystik zugeneigt; aber wenn Sie mit denen sprechen wollen, müssen Sie ihre Religion achten, statt sie herunterzumachen.

Wie viele Vorurteile polarisieren im Umgang mit dem Islam unsere Wahrnehmung! Muslime unterdrücken die Frauen, Muslime schlachten Schafe, Muslime trinken keinen Alkohol. Jeder Muslim könnte sagen: »Wir unterdrücken die Frauen, das glaubt ihr. Aber bei uns ziehen Frauen sich ordentlich an – ihr wisst anscheinend lediglich, wie man sie auszieht; das können wir jeden Abend in euren Fernsehsendungen sehen. Im Übrigen brauchen wir nicht in jedem mittleren Dorf ein Frauenhaus, um Frauen vor prügelnden Männern im Alkoholrausch zu schützen. Alkohol hat der Prophet einfach verboten. Ja, wir schlachten rituell Schafe, aber das tun die Juden genauso, und da haltet ihr das für akzeptabel – warum nicht auch bei uns? Vor allem: Wir sperren unsere Schafe nicht in industrielle Stallungen ein und quälen sie bis zur Schlachtreife.«

Den Patriarchalismus im islamischen Kulturkreis kann ich nicht leugnen, auch nicht die Praxis der Zwangsverheiratung; aber lesen Sie den Syrer Rafik Schami »Das Geheimnis des Kalligraphen«; das Buch beschreibt, wie viel an Sensibilität auch und gerade in solchen Strukturen möglich ist. Oder lesen Sie einfach mal wieder die Geschichten von Tausendundeiner Nacht, *Alf laila wa-laila*. Das verdichtet so viel an Poesie, an Liebeslyrik, an Zärtlichkeit und an Sinnlichkeit – nicht alles ist jugendfrei, was da drinsteht; doch klar ist: Wir müssen denen nicht kommen und ihnen beibringen, wie man miteinander umgeht.

Hilfreich wäre insgesamt eine Rückerinnerung an das Bemühen des Strukturalismus schon vor etwa fünfzig Jahren. Claude Lévi-Strauss schwebte vor, Ethnologie als Mittel der Verständigung und des Verstehens zwischen den so verschiedenen Kulturen zu nutzen, indem er sie las wie die Geologie eine Landschaft und wie die Psychoanalyse einen menschlichen Charakter. Das Entscheidende: Er betrachtete die Kulturen wie Sprachen, die symbolisch immer wieder die gleichen Themen variieren; wie es möglich und nötig ist, die verschiedenen Sprachen zu übersetzen, so auch die Kulturen.

Jede Kultur hat ein Recht, sich von innen her zu erneuern, und dafür braucht sie Zeit und Störungsfreiheit. Vergleichen wir damit nur einmal unser Vorgehen in Afghanistan nach 2001. Dass wir dort einmarschieren mit Panzern in armseligste Dörfer, um dort für »Fortschritt« zu sorgen, Schulen zu bauen und die westliche Kultur zu implantieren, ist ein Akt reiner Gewalt. Die Sowjets haben das vorweg schon genauso gemacht. Frauenrechte zu fördern war ein erklärtes kommunistisches Programm, ebenso Lesen und Schreiben für alle, Fernsehen für alle – die Sowjets sind mit ihren Bemühungen gescheitert, wie wir selber scheitern werden, indem wir kein Ende mit unseren Kriegseinsätzen bekommen.

Warum hassen die uns? Man versteht das nicht. Doch die Antwort ist ganz einfach: Es ist das Ergebnis der Einstellung, mit der wir dastehen und sagen: »Du hörst mir jetzt erst mal zu. Wir sind die Leitkultur, wir bringen dir bei, ob in Deutschland oder außerhalb von Deutschland, wie man richtig lebt. Wir haben Menschenrechte, Demokratie, Frauenrechte, wir achten Homosexuelle, wir sind der Maßstab!«

Mit Homosexuellen übrigens gehen wir erst seit ein paar Jahren anders um; bis dahin galt der Paragraf 175, der Homosexualität kriminalisierte; in der katholischen Kirche predigte noch Johannes Paul II. gegen die Homosexualität, wenn sie aktiv gelebt wird, als eine schwere Sünde. Doch heute geben wir uns stolz auf unsere neue Liberalität und Toleranz und instrumentalisieren das Thema als Waffe gegen andere Gesellschaften: Putins Russland zum Beispiel verweigert Gleichstellung von Homosexuellen mit Heterosexuellen; in Italien ist die Gleichstellung von Homosexuellen gerade mühsamst durchgekommen gegen den Widerspruch der katholischen Kirche.

Wenn wir, will ich sagen, dauernd dastehen und alles besser wissen, wird man uns nicht mögen. Das wirkt empörend, und am Ende stehen Reaktionen, die die Züge von Kulturkämpfen annehmen.

Ein großes Problem, das einer Verständigung zwischen den Religionen im Wege steht, ist der Mangel an historischem Bewusstsein. Der Islam, das muss ich zugeben, hat den Koran bis heute nicht in dem Sinne historisch interpretiert, wie wir in Europa gegen alle kirchendogmatischen Widerstände seit 200 Jahren begonnen haben, die Bibel zu lesen: als Gotteswort in Menschenwort. An dieser Stelle könnten in der Tat Muslime von den Christen lernen. Aber dann müssten wir tatsächlich Gläubige sein. Sonst werden die Muslime sich weigern, von uns zu lernen. Wenn wir nur sagen, wir wissen alles besser, und das Ergebnis ist der Atheismus, werden sie bei uns gewiss nicht in die Lehre gehen. Doch gerade religiös könnten wir ihnen zum Beispiel im Sinne des Vortrags zeigen, dass Gesetze eine gute Sache sind, ob im Koran, ob in der Thora, ob im Code Napoleon, aber dass Menschen nur gut sein können durch eine Güte, die sie umfängt und ihnen eine Grundlage zum Dasein gibt; das kann jeder Muslim genauso verstehen wie jeder Jude und jeder Christ, oder es wäre die Einleitung der 1. Sure des Koran: »Im Namen Allahs, des Allbarmherzigen«, nicht wirklich vom Herzen her gesprochen. Auch Mohammed würde dem zustimmen. Was irgend wir an Gutem tun, liegt in den Händen Gottes; eigentlich haben wir überhaupt keine Entscheidungsfreiheit zum Guten. Wir verdanken alles Gott – das ist eine der Kernaussagen des Koran, und da bin ich mir sicher: Genauso hat der Jude Jesus auch gedacht.

Religion und Tiefenpsychologie

ZUHÖRER: Ich hab noch mal eine Frage: Es ist ja bekannt, Sie wirken ja neben Ihrer Lehr- und Predigttätigkeit auch schon sehr lange als Psychotherapeut und tun das, soweit ich weiß, auch immer noch. Ich möchte gern wissen, wie es dazu kam. Wo besteht da die Verbindung? Hat jede Religion so was Tiefenpsychologisches oder habe ich da die falsche Annahme?

EUGEN DREWERMANN: Das ist eine sehr schöne Frage, für die ich dankbar bin, weil sie manches vertieft. Wenn wir gerade noch sagten, die Religionen redeten in Worten, die menschlich sind, und in Bildern, die menschlichen Vorstellungen entsprechen, ist ja deutlich, dass wir aus der Tiefe unserer Psyche, aus dem Unbewussten, eine Menge Material schöpfen, das uns Gott näherbringt.

Zum Beispiel sagen wir, dass Gott unser Vater sei, manche möchten auch, dass wir von ihm als einer Mutter sprechen. All das ist in jedem Falle die Rede von denkenden Säugetieren, das ist absolut menschlich, und die Gefühle, die hochkommen bei Wörtern wie Mutter oder Vater, sind noch viel tiefer und früher als die individuellen Erfahrungen, die wir mit unseren Eltern gemacht haben. Bestimmte Erwartungen und Hoffnungen liegen als ein Bild schon in uns, bevor wir auf die Welt kommen; es handelt sich um ein archetypisches Erwartungsschema, mit dem wir in die Welt hineingeboren werden. Kein Baby, das den ersten Schrei tut, gibt es, das nicht erwarten würde, es wäre irgendwo eine Nahrungsquelle, irgendwo ein Ort, wo es warmgehalten wird, irgendwo ein Gegenüber, das für es sorgt; ein neugeborenes Kind ist ja noch nicht einmal im Stande, die Mutter als ein eigenes Wesen zu erkennen; aber dass seine Bedürfnisse positiv beantwortet werden – mit *dem* Erwartungsschema kommt es auf die Welt, und daraus synthetisiert sich schließlich die Gestalt seiner individuellen Mutter. Erst nach und nach lernt es, dass die Mutter ein eigenes Wesen ist und dass man, wenn man ihre Gefühle versteht, einen großen Vorteil hat. Da ist das Kind schon acht Monate alt, und so geht die Geschichte weiter.

All das, was wir als Kinder schon mitbringen oder gelernt haben, spielt tief hinein in die Religion, denn die will ja Grundfragen unseres Lebens beantworten. Deshalb bin ich der Psychoanalyse sehr dankbar, dass sie uns Träume und mythische Bilder zu interpretieren gelehrt hat und damit auch die Erzählungen in der Bibel, die mythisch oder legendär oder Wundererzählungen sind. Den Theologen fehlt dieses hermeneutische Raster, und das ist sehr schade. Denn immer noch versucht das kirchliche Lehramt, die Texte als historisch objektive Informationen zu betrachten, als solche festzuschreiben und dann sogar als Manifestation Gottes mit seinem *Wesen* metaphysisch zu verbinden. Das alles ist, glaube ich, ein fundamentaler Irrtum: es tut der Eigenart und Vielfalt der biblischen Geschichten unrecht, hilft nicht dem Verstehen der Menschen, und es redet nicht mehr die einfache Sprache, von der Jeremia meinte, sie lasse sich finden im Herzen eines jeden.

Wenn Sie sagen, das Therapeutische sei wichtig, stimme ich dem sehr zu. Theologisch heißt es, Jesus habe das Christentum begründet, doch das hat er nicht; aber seine Botschaft hat sich fortgesetzt als eine Erlösungsreligion. Freilich müssen wir genauer fragen: Erlösung von was? Und ohne das jetzt lange begründen zu können, behaupte ich, es geht um das, was im Vortrag schon angedeutet war: um die Befreiung von Angst. Solange Sie in Angst leben, können Sie nicht anders, als Programmen zu folgen, die Ihr Leben erhalten: Flucht oder Angriff oder der Totstellreflex – das sind die elementaren Reaktionen schon in der Tierreihe. Erweitert aber wird das im menschlichen Bewusstsein; da wollen wir für alle Gefahrenlagen endgültige Lösungen. Und das treibt die menschliche Geschichte und uns selber schlichtweg an den Rand der Paranoia.

Denken Sie nur an den Unfug, mit dem wir bis heute Sicherheit definieren durch Dauerüberwachung und

Hochrüstung im Antiterrorkrieg. Die bloße Möglichkeit eines Anschlags setzt einen ungeheuren Apparat in Gang, um zu jeder Zeit an jedem Ort zuschlagen zu können. Rechnen wir einmal dagegen: Am heutigen Tag werden statistisch zehn Menschen unter deutschen Autos sterben. Das sagt die simple Statistik. Stellen Sie sich aber nun einmal vor, jeden Tag hätten wir zehn Terroropfer – es wäre unerträglich. Zehn Tote täglich bei Autounfällen sind offenbar normal, es wird niemanden von Ihnen daran hindern, heute Abend oder wann auch immer ins Auto zu steigen. Das Risiko ist tolerabel. Aber *ein* Terroranschlag in mehreren Jahren – das muss bekämpft werden unter allen Umständen. Deshalb muss man die gesamte Bevölkerung rund um die Uhr überwachen: jede Busstation, jede Bahnstation, Flughäfen schon mal gar, und immer alle zehn Minuten über Lautsprecher muss man verkünden: *Don't keep your luggage unattended*, passen Sie bloß auf Ihr Gepäck auf! Mein Lieblingssatz. Zudem müssen da Polizistinnen und Polizisten hin und her patrouillieren mit MPs im Anschlag, denn sie repräsentieren Ihre Sicherheit. Sie können denen nicht sagen: »Ich will überhaupt keine Sicherheit, für die man Menschen totschießt. Ich beliebe mit Menschen so auszukommen, dass man mich nicht totschießen muss. Ich will nicht mein Leben erhalten um den Preis anderer Lebens. *Not in my name*.« Ein solcher Standpunkt kann gar nicht erst diskutiert werden, weil Sicherheit für alle vor allem geht. Wir schaffen bei der Suche nach Angstberuhigung durch machbare Sicherheit gerade die Freiheit ab; wir schaffen auch das Vertrauen ins menschliche Zusammenleben ab, wir züchten Kinder, die in die Welt stürzen mit vermehrter Angst: »Pass auf, es gibt Kinderschänder. Wer dir Schokolade gibt – das ist ganz gefährlich. Und du musst dich wehren«, wie zum Beispiel Frau Clinton es als Kind schon gelernt hat: Als sie von der Straße kam und man hatte sie geschlagen, sagte ihre Mutter: »Geh raus, schlag sie wieder.« So ist der *American Way of Life*. Ein Gleiches konnte allerdings schon der deutsche Führer 1939 sagen: »Ich bin Nationalsozialist und als solcher gewohnt zurückzuschlagen.« Damit begann die Beschießung der Westernplatte, der Zweite Weltkrieg hub an mit am Ende etwa fünfzig Millionen Toten.

Eines ist klar: Wir müssen aus dem Spuk der Angst heraus, und dazu brauchen wir eine Psychotherapie für jeden Einzelnen, aber dann auch kollektiv für all die Systeme, die die Angst verwalten: für Staat, Wirtschaft, Justiz usw. Genau dieses Anliegen, diese Aufgabe verbinde ich mit Jesus. Wenn Sie fragen, wie ich dahin gekommen bin, geb ich's zeitbedingt schon gegen Ende der Veranstaltung jetzt einmal in gebotener Kürze zum Besten und erzähle eine Geschichte, die sich wirklich so zugetragen hat und meinem Lebensweg als Seelsorger wie eine Weichenstellung am Ausgang eines Bahnhofs eine neue Richtung gegeben hat.

Es war bei meinem ersten Einsatz als Vikar in einem Kurort, nach einer meiner ersten Predigten überhaupt. Sonntags gegen elf, nach der Messe, ging ich durch den Kurpark nach Hause, und es kam hinter mir jemand her, der sagte: »Ich muss Sie sprechen. Ich habe den Eindruck, Sie können mich verstehen.« Also setzten wir uns auf die Parkbank, und er erzählte mir mit Tränen in den Augen, er sei seit ein paar Tagen erst hier, und nun verstehe er sich selber nicht, er wisse nicht, was passiert sei. Er hatte eine Frau liebgewonnen, einen Kurschatten, wie man fälschlich ironisierend dazu sagt. Er war seit zwanzig Jahren verheiratet, doch so etwas hatte er noch nie erlebt. An dieser Stelle hätte ich sagen müssen, was mir von der Moraltheologie aus mindestens viereinhalb Semestern Studium in Erinnerung war: »Hüten Sie sich. Diese Frau ist die nächste Gelegenheit zur schweren Sünde. Wenn Sie sie wiedersehen, sind Sie voll verantwortlich für alles, was dann passiert. Es wird dann so kommen, wie es kommen muss; ich kann Sie nur warnen.« Stattdessen glaubte ich dem Mann, dass er sich selber nicht verstand, und ich wusste, dass es ein Unrecht ihm gegenüber bedeuten würde, an ihm herumzumoralisieren – mit einem Wort: Ich wusste nicht weiter. Ich habe irgendwie verlegen herumgestammelt und ihm dann die Geschichte von dem Engel Raphael erzählt, der einmal ein Mädchen gerettet hat, das immer Angst hatte, wenn es einen Mann in der Brautnacht in die Arme schloss – sieben Männer waren schon dabei gestorben, der Engel Raphael aber hieß: Gott heilt. – »Ich verstehe auch nicht, was Sie durchmachen«, sagte ich, »aber ich möchte, dass es gut ausgeht. Ich bete drum, dass der Engel Raphael Sie begleitet.«

Ich bin heute nicht weniger fromm als damals, ich könnte immer noch so reden. Der Mann war froh, dass ich ihn nicht verurteilte, doch ich weiß nicht, wie es mit ihm weiterging. Allerdings wusste ich in jenem Moment, dass ich die ganze Theologie noch mal neu lernen musste. Wenn sie nicht imstande ist zu verstehen, was ein gutwilliger Katholik nach drei Tagen Kuraufenthalt in seiner Seele erlebt, wenn es dafür weder Begriffe gibt, die das irgendwie erklären könnten, noch Begegnungsformen, die es ihm und dem anderen verständlich machen könnten, stimmt an der ganzen Theologie das Allerwichtigste nicht. Später konnte ich das klarer sagen: Diese Theologie ist einseitig verstandesorientiert, sie ist völlig voluntaristisch, sie ist konzentriert in einer Ich-Spitze, die sie mit der Personalität verwechselt, in Verdrängung der sechs Siebtel der Psyche, die im Unbewussten liegen, sie ist völlig uninteressiert an all den Fragen von Wiederholungszwängen und Übertragungen aus Kinderzeiten in der Gegenwart, sie hat von den Tragödien des menschlichen Lebens keine Ahnung, und sie macht es sogar mit ihren Begriffen von Schuld und Sühne zur Vorschrift, dass man davon keine Ahnung haben soll, denn nur dann bleibt die Welt so einfach, wie man sie braucht, um die Kirche in hehrer Selbstgewissheit und Selbstberuhigtheit zu verwalten. An dem Punkt stehen wir heute noch.

Papst Franziskus will gewiss das Richtige, aber er hat weder Begriffe noch Kategorien noch Theologen, die ihm helfen, um auch nur das Dilemma der Synode in Würzburg zu genau dieser Frage der Ehe und der Liebe zwischen Mann und Frau von vor über vierzig Jahren aufzugreifen. Den Psychoanalytikern fällt es demgegenüber durchaus nicht schwer zu zeigen, woran Menschen bei aller Liebe, gerade *in* aller Liebe, aneinander scheitern können. Die Psychoanalyse versteht eine Menge davon; ob sie deshalb schon alles heilen kann, ist eine andere Frage, die ich jetzt nicht erörtern muss.

Aber eines kann ich zum Abschluss sagen – Freud hat das immerhin richtig gesehen: Wenn Sie Menschen verurteilen wollen, haben Sie es ganz einfach, denn die Betreffenden gehen Sie genau betrachtet überhaupt nichts an. Sie ereifern sich bei jemandem, den Sie sich in Wirklichkeit weit fernhalten. Denn so sind Sie selber Gott sei Dank nicht. Wenn Sie einem Menschen aber wirklich helfen wollen, helfen müssen, weil er Ihre Tochter ist oder Ihr Ehrmann oder Ihre Geliebte, müssen Sie versuchen, den anderen zu verstehen. Dann dürfen und können Sie nicht verurteilen, nicht mit festen Begriffen kommentieren, nicht dirigieren, nicht manipulieren; Sie können einzig, so gut es geht, versuchen, den anderen zu akzeptieren; nur das kann ihm helfen. Sie müssen auf dem Weg dahin die eigenen Vorurteile zurücknehmen, nur dann lernen Sie in jedem Gespräch etwas Neues.

So wie gerade geschildert kann es Menschen gehen, und aus der Perspektive des anderen wird sich dann schon zeigen, wie sein Leben sich neu organisieren wird. Das schöne deutsche Wort dafür lautet: verstehen. Da, wo der andere steht, versuchen wir probeweise, uns selbst hinzugeben und mit seinen Augen die Welt zu betrachten. Das ist es, was ich dem Wesen nach Psychotherapie nenne und was ich aufs Dichteste verbinde mit der Rede Jesu von einem Gott, der nicht verurteilt, der auf die Suche geht, der zurückträgt und der die Verlorenen nicht im Stich lässt, sondern sie einlädt zu der Feier seines Mahles, am heutigen Fronleichnamstag. Diesen Gott brauchen wir alle.

Dasselbe könnte ich zusammenfassend sagen mit Shakespeare, der ja gerade jetzt in unseren Tagen sein

Jubiläum feiert; ich zitiere aus dem Drama der »Kaufmann von Venedig«. Da wird dem Juden Shylock, der darauf besteht, ein Kilo Fleisch aus dem Körper des Dogen in der Nähe des Herzens herauszuschneiden – wie es im Kontrakt rechtsgültig verbrieft ist –, von Portia mahnend zur Umkehr seiner hasserfüllten, verbitterten Gesinnung gesagt: »Doch die Gnade fällt vom Himmel nieder auf die Erde unter ihr, zweifach gesegnet: Sie segnet den, der nimmt, und den, der gibt. Das Szepter ist das Zeichen wohl der Macht, vor dem wir Ehrfurcht fühlen und Respekt, doch Gnade ist das Attribut der Gottheit selbst, und umso näher steht ein Thron dem Himmel als Gnade neben ihm. Darum bedenke dies, dass unser keiner ohn' Schuld erfunden ward. Wir alle bitten um Gnade; drum soll dieses Wort uns lehren, auch der Gnade Werk zu tun.«

ANZEIGE

Publik-Forum *Edition*

Eugen Drewermann

Warum Krieg?

Oder: Vom größeren Gehorsam gegen Gott

Eugen Drewermann streitet in diesem Buch engagiert gegen den Krieg und die Haltung deutscher Politiker zu Militäreinsätzen im Ausland. Nach seiner Überzeugung können menschliche Werte nicht verteidigt werden, indem man unmenschlichste Mittel und Waffensysteme einsetzt, um im Krieg zu siegen. Dies heißt vielmehr, sich als »der effizienteste Mörder und Schlächter hervorzutun«.

96 Seiten. Bestell-Nr. 30

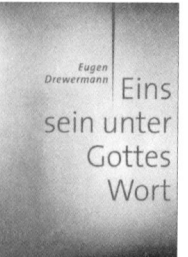

Eugen Drewermann

Eins sein unter Gottes Wort

Was ist der Kern des Christentums und wie müsste sich »Kirche« ändern, um der Botschaft Jesu zu entsprechen? Wenn der Glaube die Glaubwürdigkeit wiedererlangen soll, dann nur, wenn man ihn vom Leben her begründet.

96 Seiten. Bestell-Nr. 306

Eugen Drewermann

Von Güte und Unsterblichkeit

Die griechischen Sagen thematisieren Konflikte, die als Grundkonstellationen bis heute das Leben von Menschen durchziehen. Eugen Drewermann führte in seinem Vortrag d Publikum mit tiefenpsychologisch geschärftem Blick durch d antiken Mythen. Er zeigte auf, weshalb sich das Leben mit seinen Konstanten von Liebe, Leid und Tod mithilfe dieser Tex besser verstehen lässt und die Beschäftigung mit ihnen lohn

96 Seiten. Bestell-Nr. 303

Bestellung an: Publik-Forum, Postfach 2010, D-61410 Oberursel, Tel.: 06171/700310, Fax: 06171/700346, E-Mail: Shop@Publik-Forum.de **Bestellungen im Internet:** www.publik-forum.de/shop

ANZEIGE

Es wird Zeit...

Publik-Forum — kritisch · christlich · unabhängig

»Als spiritueller Autor versuche ich, dem Leben mit all seiner Schönheit und Härte auf den Grund zu gehen. Publik-Forum unterstützt mich dabei seit vielen Jahren. Aktuelle politische und spirituelle Themen werden kompetent entfaltet, in der Grundhaltung einer hoffenden Handlungsperspektive. Ich begegne in dieser Zeitschrift Verbündeten, die einander das Rückgrat stärken für mehr Zivilcourage.«

Pierre Stutz, *Theologe, Autor, Mystiker*

Kostenloses Probelesen? Ja!

Senden Sie mir zwei aktuelle Ausgaben **Publik-Forum** kostenlos zum Probelesen. Bestelle ich nicht innerhalb einer Woche nach Erhalt des zweiten Heftes ab, wünsche ich Weiterlieferung im Abonnement. Der Abonnementpreis* beträgt im Halbjahr 54,60 € (86,00 CHF inkl. Aufbruch). Das Studenten-/Vorzugsabonnement gibt es gegen Nachweis zum Preis von 38 € (62,00 CHF inkl. Aufbruch). Den Bezug kann ich jederzeit kündigen.   *Stand: 01.01.2017

Bitte den Bestellcoupon abtrennen/kopieren und ausgefüllt und unterschrieben senden oder faxen an:
Publik-Forum
Verlagsgesellschaft mbH,
Postfach 2010, D-61410 Oberursel,
Telefon: 0 61 71 70 03 – 14,
Telefax: 0 61 71 70 03 – 46,
www.publik-forum.de/probelesen

Name, Vorname

Straße, Hausnummer

Postleitzahl, Ort

Telefonnummer   Geburtsdatum

E-Mail

20162210

Datum, Unterschrift